中等职业教育“十二五”规划教材

中职中专会计类教材系列

企业会计岗位实训

黄 莉 主编

科学出版社
北 京

内 容 简 介

本书内容包括资金核算岗位、购销存岗位、往来款项核算岗位、职工薪酬岗位、固定资产及长期资产核算岗位、财务成果核算岗位、财务报表岗位等的实训项目。

本书结构新颖，资料仿真，从中等职业教育的培养目标出发，以会计职业活动为中心，注重对会计知识应用和实践能力的培养。通过本书的操作，可以使学生在“做中学”，对会计各个岗位的核算过程有一个全面的认识和理解，进一步加强其会计实践和专业技能训练，有利于职业能力的提高。

本书适合中等职业学校学生使用，也可供其他会计初学人员参考。

图书在版编目(CIP)数据

企业会计岗位实训/黄莉主编. —北京：科学出版社，2011
（中等职业教育“十二五”规划教材・中职中专会计类教材系列）
ISBN 978-7-03-019359-9

Ⅰ. ①企… Ⅱ. ①黄… Ⅲ. ①企业管理-会计-专业学校-教材
Ⅳ. ①F275.2

中国版本图书馆 CIP 数据核字（2007）第 130642 号

责任编辑：李　娜　王　琳 / 责任校对：柏连海
责任印制：吕春珉 / 封面设计：山鹰工作室

科学出版社出版
北京东黄城根北街 16 号
邮政编码：100717
http://www.sciencep.com
新科印刷有限公司 印刷
科学出版社发行　各地新华书店经销
*
2011年1月第　一　版　开本：787×1092 1/16
2019年1月第九次印刷　印张：23 3/4 插页：3
字数:560 000

定价：54.00元
（如有印装质量问题，我社负责调换〈新科〉）
销售部电话 010-62136131　编辑部电话 010-62135763-2006（SF02）

序

随着我国社会主义市场经济的发展，生产标准向个性化转变要求劳动者具有综合职业能力，企业人事组织岗位的变化更看重人的综合素质，生产岗位的变化也使得职业的流动性越来越强，要求人们注重终身教育。而从中等职业学校毕业生的社会需求来看：用人单位更注重学生的综合素质以及其从事生产、技术、服务、管理第一线或其辅助性工作的操作技能，不过分强调专业理论；从业人员需要有更大的发展弹性，以适应继续学习和转岗的需要。

基于以上认识，中等职业技术教育改革必须打破传统的教育观念，树立新的职业教育理念。职业教育具有典型的应用性、突出的技能性、较强的实践性等特征。财经类中等职业技术学校的培养目标应定位在“培养既具有可持续发展能力，又具有初步执业技能的财经文员”上。为此，中等职业技术教育应以“依据职业能力需求，围绕岗位业务流程，遵循职业生涯发展规律”为基本思路，构建“通用能力模块、专业技能模块、能力拓展模块”的模块课程体系。

多年来，我国有关会计职业教育方面的教材仅以学科体系为依据编写，仅注重知识的传授，不注重能力培养，与中等职业技术教育会计专业的培养目标相去甚远，因此教材改革势在必行。通过社会调研论证，我们确立了以培养学生综合素质为核心、以加强就业上岗能力为重点、以强化技能训练为特色的编写原则，构建了如下会计专业模块课程体系：

1.“通用能力模块”课程

包括会计基本技能、会计基础及实训。

2.“专业技能模块”课程

包括出纳实务、企业财务会计实务、成本核算实务、涉税会计实务、商品流通企业购销实务、会计综合实训。

3.“能力拓展模块”课程

包括审计实务、银行会计实务、财务管理、财经法规与会计职业道德。

以上课程均编写了相应的教材，所有教学内容可在两年（四个学期）内完成。本教材系列具有以下两个突出的特点：

1. 突出实训

本教材系列在编写上以会计实训、会计案例为主导，每本教材均配置相应的实训练习，彻底改变了以往以会计理论为主导的会计教材模式。本教材系列始终把学生掌握技能作为重中之重，围绕技能核心，让学生在实训中掌握理论知识，真正提高了动手能力。

2. 便于操作

按常用的财务软件模块，本教材系列将传统的财务会计教材划分为出纳实务、企业财务会计实务、成本核算实务、涉税会计实务、商品流通企业购销实务、会计综合实训六部分，每个部分均可相对独立，学生每学完一部分内容即可取得一定的学分。这六部分实为化整为零、化繁为简，注重与实践相结合，增加企业核算实例，且在保留原财务会计主要内容的基础上减少深奥难懂的理论内容，丰富了操作性强的实训内容，同时使会计手工记账与计算机记账相结合。学生完成以上六部分的学习，就可胜任企业的出纳、会计、统计工作。此外，通过计算机记账教学的加强，还能灵活运用不同的财务软件。

本教材系列主要适用于中等职业技术学校财经类专业。在学习过程中同步配以实训练习，条件较好的学校还可直接在计算机上采用不同的财务软件，按会计岗位进行教学，使学生在学习期间提高手工记账和计算机记账的技能。

本教材系列的作者来自全国多所财经类中等职业学校一线教学经验丰富的会计教师，每本教材都是作者多年教学经验的总结，南北方的会计教学经验在此得到了完美的融合。我们相信，本教材系列一定能使我国中等职业技术学校从事会计教育的老师得到启发和帮助。

徐迎建

2007 年 6 月

前　言

为培养财经类专业中职学生的会计岗位实际操作能力，适应市场对初级会计人才的需求，作者参照常用财务软件设置的模块，将全书分为七个会计岗位（资金核算岗位、购销存岗位、往来款项核算岗位、职工薪酬岗位、固定资产及长期资产核算岗位、财务成果核算岗位、财务报表岗位）。本书从中等职业教育的培养目标出发，注重对知识应用和实践能力的培养，注重加强学生的会计实践和专业技能训练。在编写上以我国2006年颁布的企业会计准则为指导，按照最新的增值税、营业税、所得税及相关法律法规，遵循内部会计控制规范，采用会计实际工作中运用的最新原始凭证模板，本着通俗易懂的原则，在内容、结构的设计和安排上与财务会计（会计实务）课程紧密配合。

通过对本书的学习，学生在课堂理论学习上可以对会计各个岗位的核算过程有一个全面的认识和理解，进一步提高其动手能力，缩短理论到实践的距离，提高其运用会计基本技能、基本方法的能力，能够对所学专业知识进行岗位测试，最终达到提高综合能力、提高综合素质的目的，以完成理论到实践的飞跃，因而本书为学生毕业后直接就业提供了平台。

本书由黄莉任主编，由广州国富浩华税务师事务所的注册税务师、注册会计师李一山任主审。参加编写的人员还有李夏、林彤、张从容。

由于作者水平有限，书中难免有疏漏之处，恳请广大读者批评指正。

目　　录

第1章 资金核算岗位实训

一、实训目的

主要练习资金筹集及交易性金融资产等的核算。

1）掌握企业接受投资人投入资本的会计处理。

2）掌握盈余公积转增资本、弥补亏损的会计处理。

3）掌握长期借款、短期借款的会计处理。

4）掌握交易性金融资产的会计处理。

二、实训要求

1）根据发生的经济业务，填制有关原始凭证和记账凭证。

2）登记有关实收资本、资本公积、盈余公积、长期借款、短期借款、应付利息、应收利息、交易性金融资产、投资收益、公允价值变动损益等明细账。

3）编制科目汇总表，并根据科目汇总表登记有关总账。

4）规范装订记账凭证。

5）非记账凭证附件及账页另行装订。

三、实训资料

实训一（Ⅰ）资金筹集及交易性金融资产

广州格林电器有限公司 2013 年 12 月发生的部分经济业务如下。

1）1 日，收到深圳明德国际贸易有限公司的投资款 210 万元，同时收到深圳明德国际贸易有限公司投资转入的原材料 468 000 元（价格 400 000 元，增值税 68 000 元），该投资材料占公司总注册资本 4000 万元的 6%（投资协议书略），见表 1-1～表 1-4。

表 1-1

中国工商银行 网上银行电子回单

电子回单号码：0005-7785-3459-1000

付款人	户名	深圳明德国际贸易有限公司	收款人	户名	广州格林电器有限公司
	账号	00115—3310—0007		账号	4895 9104 0031 9191
	开户银行	深圳工行深南路办		开户银行	广州工行越秀支行
金额		人民币（大写）：贰佰壹拾万圆整 ￥210000.00 元			
摘要		贷款	业务（产品）种类		转账
用途					
交易流水号		55107159	时间戳		2013-12-01-17.51.50.839733
中国工商银行 电子回单 专用章		备注： 验证码：pkctW5Uzemq/TeMFo4jxpCBjHRs=			
记账网点	0220	记账柜员	00010	记账日期	2013 年 12 月 01 日

打印日期：2013 年 12 月 01 日

重要提示：

1. 如果您是收款方，请到工行网站 www.icbc.com.cn 电子回单验证处进行回单验证。
2. 本回单不作为收款方发货依据，并请勿重复记账。
3. 您可以选择发送邮件，将此电子回单发送给指定的接收人。

表 1-2

4403081140 **广东省增值税专用发票** № 2578771

全国统一发票监制章 广东省 国家税务局监制

抵 扣 联

开票日期：2013 年 12 月 01 日

购货单位	名称：广州格林电器有限公司 纳税人识别号：440105664017608 地址电话：广州市皇甫大道 68 号 开户行及账号：工行越秀支行 4895 9104 0031 9191	密码区	3＜＞300-3+8+7＜+5-2+321＜加密 版本号： 4＞+6059/3477626-/-+/8＞ 23 1＜12/5＜1++/87690*49/0 7543219801 6＞5＜24-＞＞3*05/＞＞92 12567801

货物或应税劳务名称	规格型号	单位	数量	单价	金额	税率	税额
胶料		千克	8000	50.00	400000.00	17%	68000.00
合计					400000.00		68000.00
价税合计（大写）	⊗肆拾陆万捌仟元整				（小写）¥468000.00		

销货单位	名称：深圳明德国际贸易有限公司 纳税人识别号：440352215774001 地址电话：深圳深南路 210 号 开户行及账号：00115-3310-0007	备注	深圳明德国际贸易有限公司 440352215774001 发票专用章

第二联：抵扣联 购货方扣税凭证

收款人：罗云　　复核：李米　　开票人：应天　　销货单位：（章）

表 1-3

4403081140　　**广东省增值税专用发票**　　№ 2578771

发 票 联

开票日期：2013 年 12 月 01 日

购货单位	名　　称：广州格林电器有限公司 纳税人识别号：440105664017608 地 址 电 话：广州市皇甫大道 68 号 开户行及账号：工行越秀支行 4895 9104 0031 9191				密码区	3<>300-3+8+7<+5-2+321<加密版本号： 4>+6059/3477626-/-+/8>　23 1<12/5<1++/87690*49/0 7543219801 6>5<24->>3*05/>>92 12567801		
货物或应税劳务名称	规格型号	单位	数量	单价		金额	税率	税额
胶料		千克	8000	50.00		400000.00	17%	68000.00
合　　计						400000.00		68000.00
价税合计（大写）	⊗肆拾陆万捌仟元整					（小写）¥468000.00		
销货单位	名　　称：深圳明德国际贸易有限公司 纳税人识别号：440352215774001 地 址 电 话：深圳深南路 210 号 开户行及账号：00115-3310-0007				备注	深圳明德国际贸易有限公司 440352215774001 发票专用章		

第三联：发票联　购货方记账凭证

收款人：罗云　　复核：李米　　开票人：应天　　销货单位：（章）

表 1-4

收　料　单

年　　月　　日　　　　　　字第　　号

来料单位		发票		号			年	月	日收到					
编号	材料名称	规格	送验数量	实收数量	单位	单价	金额							
							十	万	千	百	十	元	角	分
备注		验收人盖章				合计¥								

③会计

会计：　　出纳：　　复核：　　记账：　　制单：

2）3 日，收到广州盛丰电器有限公司投资全新不需安装滤筒机设备一台，协商价 800 000 元，增值税 136 000 元，合计 936 000 元，占公司总注册资本 4000 万元的 2.4%（投资协议书略），见表 1-5～表 1-9。

表 1-5

44000087456　　**广东省增值税专用发票**　　№ 56784563

发 票 联

开票日期：2013 年 12 月 03 日

购货单位	名　称：广州格林电器有限公司 纳税人识别号：440105664017608 地 址 电 话：广州市皇甫大道 68 号 开户行及账号：工行越秀支行 4895 9104 0031 9191			密码区	3<>20-3+8+7<+5-2+487< 加密版本号： 4>+6059/3477626-/-+/8> 33 1<12/5<1++/28220*49/0 3240023888 6>5<24->>3*05/>>92 07881134		
货物或应税劳务名称	规格型号	单位	数量	单　价	金　额	税率	税额
滤筒机		台	1	800000	800000.00	17%	136000.00
合　计					800000.00		136000.00
价税合计（大写）	⊗玖拾叁万陆仟元整				（小写）￥936000.00		
销货单位	名　称：广州盛丰电器有限公司 纳税人识别号：440102708221345 地 址 电 话：广州市环市路 287 号 开户行及账号：建行广州市环市路办事处			备注	广州盛丰电器有限公司 440102708221345 发票专用章		

第二联：发票联 购货方记账凭证

收款人：张晓　　复核：周爱容　　开票人：李华　　销货单位：（章）

表 1-6

44000087456　　**广东省增值税专用发票**　　№ 56784563

抵 扣 联

开票日期：2013 年 12 月 03 日

购货单位	名　称：广州格林电器有限公司 纳税人识别号：440105664017608 地 址 电 话：广州市皇甫大道 68 号 开户行及账号：工行越秀支行 4895 9104 0031 9191			密码区	3<>20-3+8+7<+5-2+487< 加密版本号： 4>+6059/3477626-/-+/8> 33 1<12/5<1++/28220*49/0 3240023888 6>5<24->>3*05/>>92 07881134		
货物或应税劳务名称	规格型号	单位	数量	单　价	金　额	税率	税额
滤筒机		台	1	800000	800000.00	17%	136000.00
合　计					800000.00		136000.00
价税合计（大写）	⊗玖拾叁万陆仟元整				（小写）￥936000.00		
销货单位	名　称：广州盛丰电器有限公司 纳税人识别号：440102708221345 地 址 电 话：广州市环市路 287 号 开户行及账号：建行广州市环市路办事处			备注	广州盛丰电器有限公司 440102708221345 发票专用章		

第三联：抵扣联 购货方扣税凭证

收款人：张晓　　复核：周爱容　　开票人：李华　　销货单位：（章）

表 1-7

固定资产验收单

统一编号：　　　　　　　　　　　　　　　　　　　　　　　　本厂编号：

<table>
<tr><td rowspan="11">计划管理部门</td><td>设备名称</td><td colspan="2"></td><td>电动机</td><td colspan="3">台</td></tr>
<tr><td>型　号</td><td colspan="2"></td><td>总动率</td><td colspan="3"></td></tr>
<tr><td>规　格</td><td colspan="2"></td><td>出厂编号</td><td></td><td>出厂日期</td><td>2010.01.14</td></tr>
<tr><td>制造厂</td><td colspan="2">珠海海华机械有限公司</td><td>自重量</td><td>kg</td><td>始用日期</td><td>2010.12.03</td></tr>
<tr><td>型号尺寸</td><td colspan="2"></td><td>使用部门</td><td></td><td>施工工号</td><td></td></tr>
<tr><td colspan="7">随　机　附　件</td></tr>
<tr><td>名　称</td><td colspan="2">型号规格</td><td>数　量</td><td>名　称</td><td>型号规格</td><td>数　量</td></tr>
<tr><td></td><td></td><td></td><td></td><td></td><td></td><td></td></tr>
<tr><td></td><td></td><td></td><td></td><td></td><td></td><td></td></tr>
<tr><td>说明书</td><td colspan="2"></td><td>装箱单</td><td></td><td>图纸</td><td></td></tr>
<tr><td>合格证</td><td colspan="2"></td><td>精度单</td><td></td><td>资料
验收入</td><td></td></tr>
<tr><td rowspan="3">固定资产管理部门</td><td>设备隶属</td><td colspan="4"></td><td>复杂
系数</td><td>机　电</td></tr>
<tr><td>设备类别</td><td colspan="4"></td><td>使用
年限</td><td>10 年</td></tr>
<tr><td>精度等级</td><td colspan="4">提高级、标准级、降低级</td><td>分类
划级</td><td>类　级</td></tr>
<tr><td rowspan="2">财务处</td><td>设备费</td><td colspan="4"></td><td>安装及其他
费用</td><td></td></tr>
<tr><td>原值合计</td><td colspan="4"></td><td>资产
来源</td><td>投资转入</td></tr>
<tr><td>验收意见</td><td colspan="7">验收合格
固定资产管理部门验收人：李新</td></tr>
<tr><td>计划管理
部门</td><td>主管经办人
李建</td><td>使用
部门</td><td>主管经办
付强</td><td>固定资产
管理部门</td><td>主管经办人
黄琳</td><td>财务处</td><td>主管经办人
李力</td></tr>
</table>

验收日期：2010.12.03

表 1-8

固定资产卡片（正面）

固定资产类别：　　　　　　　　　　　　　　　　　　　　　　　　卡片编号：

固定资产项目编号：

<table>
<tr><td>固定资产项目名称</td><td colspan="3"></td><td>型号规格或技术特点</td><td colspan="2"></td><td colspan="2">建设单位或制造工厂名称</td><td colspan="3"></td></tr>
<tr><td>原值</td><td colspan="2"></td><td colspan="2">其中安装费</td><td></td><td>预计净残值</td><td colspan="5"></td></tr>
<tr><td>建造日期</td><td colspan="3">年　月</td><td>验收日期</td><td colspan="2">年　月</td><td colspan="2">开始使用日期</td><td colspan="3">年　月</td></tr>
<tr><td>年折旧额</td><td colspan="2"></td><td colspan="2">年折旧率</td><td></td><td>月折旧额</td><td colspan="5"></td></tr>
<tr><td>拨入日期</td><td colspan="2"></td><td colspan="2">拨入时已使用年限</td><td></td><td>尚能使用年限</td><td colspan="2"></td><td>拨入时已使用年限</td><td colspan="2"></td></tr>
<tr><td colspan="3">使用或保管部门变动情况</td><td colspan="4">原价变动记录</td><td colspan="5">附属设备记录</td></tr>
<tr><td>日期</td><td>凭证</td><td>使用或保管部门</td><td>日期</td><td>凭证</td><td>增加</td><td>减少</td><td>名称</td><td>规格</td><td>单位</td><td>数量</td><td>金额</td></tr>
<tr><td>年月</td><td></td><td></td><td></td><td></td><td></td><td></td><td></td><td></td><td></td><td></td><td></td></tr>
</table>

表 1-9

固定资产卡片（反面）

<table>
<tr><td colspan="4">计提基本折旧</td><td colspan="4">大修理完工记录</td><td colspan="3">停用记录</td></tr>
<tr><td>年度</td><td>本期提取</td><td>累计提取</td><td>净值</td><td>日期</td><td>凭证</td><td>摘要</td><td>金额</td><td>停用日期</td><td>停用原因</td><td>复用日期</td></tr>
<tr><td></td><td></td><td></td><td></td><td></td><td></td><td></td><td></td><td></td><td></td><td></td></tr>
<tr><td>调出记录</td><td colspan="5">调出日期：　　　批准文号：
调往单位：
原　　值：
安 装 费：　　　已使用年限：</td><td>报废清理记录</td><td colspan="4">清理原因：　　　清理日期：
批准文号：　　　实际使用：
年　　限：　　　清理费用：
变价收入：</td></tr>
<tr><td rowspan="3">备注</td><td rowspan="3" colspan="7"></td><td>建、销卡</td><td>日期</td><td>经办人</td></tr>
<tr><td>建卡</td><td>年　月</td><td rowspan="2"></td></tr>
<tr><td>销卡</td><td></td></tr>
</table>

3）9日，将盈余公积200万元转为实收资本，决议如下。

同意将盈余公积转为实收资本的决议

甲方：广州创新投资有限公司

乙方：广州格林电器有限公司

丙方：中山威力电器有限公司

根据股东大会决议和有关批准文件，现同意将本公司的盈余公积200万元转为实收资本。

甲方：广州创新投资有限公司　　乙方：广州格林电器有限公司　　丙方：中山威力电器有限公司

法人代表：　李珊珊　　法人代表：付强　　法人代表：何安

2013年 12月09日　　2013年 12月09日　　2013年 12月09日

4）9日，假设将盈余公积200万元用于弥补亏损，其决议如下。

同意将盈余公积用于弥补亏损的决议

甲方：广州创新投资有限公司

乙方：广州格林电器有限公司

丙方：中山威力电器有限公司

根据股东大会决议和有关批准文件，现同意将本公司的盈余公积200万元用于弥补亏损。

甲方：广州创新投资有限公司（章）乙方：广州格林电器有限公司（章）丙方：中山威力电器有限公司（章）

法人代表：　李珊珊　　法人代表：付强　　法人代表：何安

2013年 12月09日　　2013年 12月09日　　2013年 12月09日

5）10日，深圳舒宁电器有限公司投资转入生产吸尘器专利权，其专利权转让协议如下。

专利权转让协议

甲方：深圳舒宁电器有限公司

乙方：广州格林电器有限公司

根据“关于投资专利权给予广州格林电器有限公司的协议”，专利人深圳舒宁电器有限公司（以下称甲方），愿将生产吸尘器专利权投资给广州格林电器有限公司（以下称乙方），特签订以下转让协议：

（一）责任和义务

甲方：将生产吸尘器专利权投资给乙方。

乙方：按价值 300 万元人民币的专利权作为甲方向乙方投入的注册总资本金，并占注册总资本 4000 万元的 7%。

（二）权利（略）

（三）违约（略）

（四）文件：专利证件、授权书、说明书。

（五）合同期限：自 2013 年 12 月 10 日至 2023 年 12 月 10 日计 10 年。

甲方：深圳舒宁电器有限公司（章） 乙方：广州格林电器有限公司（章）

法人代表：张民 法人代表：付强

2013 年 12 月 10 日 2013 年 12 月 10 日

6）28 日，同意广州创新投资公司退出资本 600 万元（已到工商管理部门日办理变更手续），以支票支付，其决定如下。

同意广州创新投资公司退出资本的决定

因投资者——广州创新投资有限公司长期亏损和相关客观因素的影响，要求退出广州格林电器有限公司相应股份，以便用退出的资本偿还其他债务。现根据股东大会决议和有关减资批准文件，同意广州创新投资公司退出资本 600 万元。

甲方：广州创新投资有限公司（章） 乙方：广州格林电器有限公司（章）

法人代表： 李珊珊 法人代表：付强

2013 年 12 月 28 日 2013 年 12 月 28 日

7）年终，广州格林电器有限公司决定按原股东的投资比例分配净利润 600 万元，新加入的投资者本年度不分配利润，见表 1-10。

表 1-10

净利润分配表

2013 年 12 月 31 日

股东名称	投资比例	分配金额/元	备　注
广州格林电器有限公司	70%	4 200 000	
广州创新投资有限公司	15%	900 000	
中山威力电器有限公司	15%	900 000	
		6 000 000	

实训一（2）借款及利息的核算

1）8 日，取得短期借款 600 000 元，利率 6%，见表 1-11。

表 1-11

质　押　　　　00887521

工 商 银 行　（贷款）借款凭证（回单）④

单位编号：　　日期：2013 年 12 月 08 日　　银行编号：604001

收款单位	名　称	广州格林电器有限公司	借款单位	名　称	中国工商银行广州越秀支行
	往来户账号	4895 9104 0031 9191		放款户账号	1643 1877 1189 8989
	开户银行	工行广州越秀支行		开户银行	中国工商银行广州越秀支行

贷款种类	流动资金借款	利率	6%	起息日期	2010.12.8	还款日期	2011.6.8

借款申请金额	货币及金额（大写）	人民币陆拾万元整	千	百	十	万	千	百	十	元	角	分
				¥	6	0	0	0	0	0	0	0
借款原因及用途		周　转	千	百	十	万	千	百	十	元	角	分

备注：（印章：中国工商银行股份有限公司广州越秀支行 2013.12.08 核算用章(04) 王山）	期　限	计划还款日期	计划还款金额
	上述借款业已同意贷给并转入你单位往来账户，借款到期时按期归还 此致 借款单位： （银行盖章）　年　月　日		

此联系核定放款回单代借款单位往来户收款通知

与工商银行签订的借款合同如下。

请借款人认真阅读本合同，尤其是带有＊＊＊符号的条款，在确认无异议后签署本合同。

工商银行借款合同

（短期流动资金贷款）

穗工银 2013 年流贷字 104018 号

借 款 人：广州格林电器有限公司
住　　所：广州市皇甫大道 68 号
法定代表人：付强
放 款 人：工商银行广州越秀支行
地　　址：广州市白云路 10 号

鉴于借款人向贷款人申请流动资金贷款，根据中华人民共和国有关法律、法规及其他有关规定，借款人与贷款人双方协商一致，特订立本合同。

第一条　贷　款

1.1 币种：人民币。
1.2 金额：（大写金额）陆拾万元整，借款人所欠本金的实际金额以贷款人出具的会计凭证为准。
1.3 期限：陆个月，自 2013 年 12 月 8 日至 2014 年 6 月 8 日。
1.4 本合同项下的贷款仅限用于资金周转。借款人不得将本合同项下的贷款挪作他用。

（略）

2）10日取得长期借款200万元，该借款为分期付息（按季度），到期还本，见表1-12。

表 1-12

质　押　　　　0086345687

工商银行（贷款）借款凭证（回单）④

单位编号：　　　　日期：2013年12月10日　　　　银行编号：604001

此此联系核定放款回单代借款单位往来户收款通知

收款单位	名　称	广州格林电器有限公司			借款单位	名　称	广州格林电器有限公司					
	往来户账号	4895 9104 0031 9191				放款户账号	1643-1877-1189-8989					
	开户银行	工行广州越秀支行				开户银行	中国工商银行广州越秀支行					
贷款种类		长期借款	利率	5%	起息日期	2013.12.10	还款日期		2015.12.10			
借款申请金额	货币及金额（大写）	人民币贰佰万元整			千	百	十	万	千	百	十	元
					¥	2	0	0	0	0	0	0
借款原因及用途	固定资产购建				千	百	十	万	千	百	十	元

千	百	十	万	千	百	十	元	角	分
¥	2	0	0	0	0	0	0	0	0

备注：	期限	计划还款日期	计划还款金额

中国工商银行股份有限公司广州越秀支行 2013.12.10 核算用章(04) 王山

上述借款业已同意贷给并转入你单位往来账户，借款到期时按期归还

此致

借款单位：

（银行盖章）　　年　　月　　日

与工商银行签订的合同如下。

请借款人认真阅读本合同，尤其是带有＊＊＊符号的条款，在确认无异议后签署本合同。

工商银行借款合同

（长期贷款）

穗工银2013年中长贷字904126号

借　款　人：广州格林电器有限公司

住　　　所：广州市皇甫大道68号

法定代表人：付强

放　款　人：工商银行广州越秀支行

地　　　址：广州市白云路10号

鉴于借款人向贷款人申请长期贷款，根据中华人民共和国有关法律、法规及其他有关规定，借款人与贷款人双方协商一致，特订立本合同。

第一条　贷　款

1.1 币种：人民币。

1.2 金额：（大写金额）贰佰万元整，借款人所欠本金的实际金额以贷款人出具的会计凭证为准。

1.3 期限：两年，自2013年12月10日至2015年12月10日。

1.4 本合同项下的贷款仅限用于固定资产购建。借款人不得将本合同项下的贷款挪作他用。

（略）

3）31 日，计提本月长期、短期借款利息，见表 1-13。

表 1-13

借款利息计算表

2013 年 12 月 31 日

项　目	金额/元	利　率	应计利息/（月/元）	备　注
短期借款	900 000	6%	5225.81	该借款属流动资金周转借款（财务费用）
长期借款	3 000 000	5%	10 349.46	该借款用于固定资产建造，已完工交付使用的固定资产为 100 万元，利息 4 166.67 元（财务费用）
合　计			15 575.27	

制表：　　　　　　　　　　　　　　审核：

4）31 日，支付本年度第四季度利息，见表 1-14 和表 1-15。

表 1-14

中国工商银行 借款计息通知（付款通知）

2013 年 12 月 31 日

<table>
<tr><td rowspan="3">付款人</td><td>全　称</td><td>广州格林电器有限公司</td><td rowspan="3">收款人</td><td>全　称</td><td colspan="9">中国工商银行广州越秀支行</td></tr>
<tr><td>账　号</td><td>4895 9104 0031 9191</td><td>账　号</td><td colspan="9">1643 1877 1189 8989</td></tr>
<tr><td>开户行</td><td>工行广州越秀支行</td><td>开户行</td><td colspan="9">中国工商银行广州越秀支行</td></tr>
<tr><td colspan="2" rowspan="2">人民币
（大写）</td><td rowspan="2">捌仟贰佰贰拾伍元捌角壹分</td><td>千</td><td>百</td><td>十</td><td>万</td><td>千</td><td>百</td><td>十</td><td>元</td><td>角</td><td>分</td></tr>
<tr><td></td><td></td><td></td><td>¥</td><td>8</td><td>2</td><td>2</td><td>5</td><td>8</td><td>1</td></tr>
<tr><td colspan="2">结息期</td><td>2010.12.31</td><td colspan="11" rowspan="4">借款单位（银行盖章）
2013 年 12 月 31 日
中国工商银行股份有限公司广州越秀支行 2013.12.31 核算用章(04) 王山</td></tr>
<tr><td colspan="2">计息基数</td><td>900 000.00</td></tr>
<tr><td colspan="2">利率</td><td>6%</td></tr>
<tr><td colspan="3">备注：短期借款</td></tr>
</table>

此联出票人开户银行交给出票人的回单

表 1-15

中国工商银行 借款计息通知（付款通知）

2013 年 12 月 31 日

付款人	全　称	广州格林电器有限公司	收款人	全 称	中国工商银行广州越秀支行							
	账　号	4895 9104 0031 9191		账 号	1643-1877-1189-8989							
	开户行	工行广州越秀支行		开户行	工行广州越秀支行							
人民币（大写）		壹万捌仟陆佰捌拾贰元柒角玖分	千	百	十	万	千	百	十	元	角	分
					¥	1	8	6	8	2	7	9
结息期		2010.12.31										
计息积数		3 000 000.00										
利率		5%										
备注：长期借款			借款单位（银行盖章） 2013 年 12 月 31 日 中国工商银行股份有限公司广州越秀支行 2013.12.31 核算用章(04) 王山									

此联出票人开户银行交给出票人的回单

实训一（3）资金投资核算

熟悉资金投资实务的内容，了解资金投资实务的业务处理程序，掌握交易性金融资产业务的会计核算方法。

广州格林电器有限公司 2012 年、2013 年发生的部分业务如下。

1）2 月 1 日，向证券交易所划出投资资金 500 000 元，见表 1-16 和表 1-17。

表 1-16

广发证券环市路营业部

2012 年 02 月 01 日　　　资金流水凭条　　　[现金存]

资金账号	0070737532	客　户	广州格林电器有限公司	银　行	内　部
发生日期	2012.02.01	流水号	51246	币　种	人民币
上次余额	80 000	本次余额		580000	
发生金额	500 000	备注			
发生金额	人民币（大写）	伍拾万元整			
操作柜组员：1236		审核：麻玉玲		客户签章：文丽	

表 1-17

中国工商银行 广东省分行营业部 批扣借方凭证（回单）

INDUSTRIAL AND COMMERCIAL BANK OF CHINA　　N0:091112005000008879

业务日期　2012 年 02 月 01 日

付款人	全　称	广州格林电器有限公司	收款人	全　称	广州格林电器有限公司									
	账　号	4895 9104 0031 9191		账　号	1292000331									
	开户银行	工行越秀支行		开户银行	广发证券环市路营业部									
金　额	人民币（大写）	伍拾万元整		千	百	十	万	千	百	十	元	角	分	
					¥	5	0	0	0	0	0	0	0	
摘　要	转入证券投资													
备　注														

打印日期：2012 年 02 月 01 日

2）2 月 10 日，购入深天马 A 股票 30 000 股，印花税及手续费 3‰，见表 1-18。

表 1-18

广发证券环市路营业部成交过户交割单

日期：2012 年 02 月 10 日　　股东账号：0070737532

股东姓名：广州格林电器有限公司	业务名称：证券买入
股票代码：000050	合同号：61940
股票名称：深天马 A	成交编号：812521
买卖方向：买入	申报时间：14：15：00
成交价格：10.00	成交时间：14：23：00
成交数量：30000 股	佣金：
成交金额：300000.00	印花税：900.00
实际收付：300900.00	过户费：0.00
	其他费用：0.00
	备注：证券买入
	含有已宣告未领现金股利 30000 元
	打印时间：2012 年 2 月 10 日
经办单位：广发证券环市路营业部	客户签名：李民

3）2 月 20 日收到现金股利 30 000 元，见表 1-19。

表 1-19

广发证券环市路营业部成交过户交割单

股东账号：0070737532	业务名称：股利入账
日期：2012 年 02 月 20 日	合同号：
股东姓名：广州格林电器有限公司	成交编号：
股票代码：000050	申报时间：
股票名称：深天马 A	成交时间：10：23：00
买卖方向：股利入账	佣金：
成交价格：0	印花税：
成交数量：0	过户费：0.00
成交金额：0	其他费用：0.00
实际收付：30000.00	备注：股利入账
	打印时间：2012 年 02 月 20 日

（印章：广发证券环市路营业部 业务专用章）

4）2 月 19 日，深发展宣告发放现金股利，每股 1.00 元，本公司持有深发展股票 10 000 股（该股票为格林电器有限公司持有的交易性金融资产，2011 年 12 月 31 日前已持有），其公告如下。

深圳发展银行股份有限公司 2011 年度分红派息公告

根据公司股东大会决议，现将本公司 2011 年期末分红派息实施办法公告如下：

一、公司 2011 年度利润分配方案

公司 2011 年年末利润按每 10 股派 1 元（含税）的方案向全体股东分配现金股利，剩余期末未分配利润转以后年度分配。

二、分红派息具体实施办法

1. 股权登记日：2012 年 02 月 18 日

2. 除 息 日：2012 年 02 月 19 日

3. 红利发放日：2012 年 02 月 26 日

4. 每股税前红利金额：0.1 元

5. 每股税后红利金额：持流通股的个人股东，本公司按 10%的税率代扣个人所得税，实际每股派发现金红利 0.09 元；持流通股的机构投资者，实际发放红利 0.1 元。对国家股、法人股股东，实际每股发放红利 0.1 元。

6. 发放范围：截至 2011 年 12 月 31 日收市后在深圳证券中央登记结算公司登记在册的本公司全体股东。

深圳发展银行股份有限公司董事会

2012 年 02 月 19 日

5）2 月 26 日收到现金股利，其过户交割单如表 1-20 所示。

表 1-20

广发证券环市路营业部成交过户交割单

股东账号：0070737532	业务名称：股利入账
日期：2012 年 02 月 26 日	合同号：
股东姓名；广州格林电器有限公司	成交编号：
股票代码：000001	申报时间：
股票名称：深发展 A	成交时间：10：10：00
买卖方向：买入	佣金：0
成交价格：0	印花税：0
成交数量：0	过户费：0
成交金额：	其他费用：0
实际收付：1000.00	备注：股利入账
	打印时间：2012 年 02 月 26 日
经办单位：广发证券环市路营业部	客户签名：李民

（印章：广发证券环市路营业部 业务专用章）

6）期末（一般在 6 月 30 日、12 月 31 日确认公允价值变动损益）确认公允价值变动损益，见表 1-21。

表 1-21

公允价值变动损益计算表

2012 年 6 月 30 日　　单位：元

交易性金融资产项目	持有数量	资产成本	公允价值变动前资产净额	期末市场价格	资产公允价值	本期公允价值变动	公允价值变动净损益
深发展股票	10 000	240 000	240 000	22	220 000	-20 000	-20 000
深天马 A 股票	30 000	270 000	270 000	8	240 000	-30 000	-30 000
合计							-50 000
审核：					制单：		

7）本公司仍持有该交易性金融资产。期末本题目的在于练习，假设本题时间为12月31日）确认公允价值变动损益，见表1-22。

表1-22

公允价值变动损益计算表

2012年12月31日

交易性金融资产项目	持有数量	资产成本	公允价值变动前资产净额	期末市场价格	资产公允价值	本期公允价值变动	公允价值变动净损益
深发展股票	10 000		220 000	25	250 000	30 000	10 000
深天马A股票	30 000	270 000	240 000	10	300 000	60 000	30 000
合计							40 000
审核：				制单：			

8）2013年1月15日，公司出售持有的全部深天马A股票30 000股，见表1-23。

表1-23

广发证券环市路营业部成交过户交割单

股东账号：0070737532	业务名称：证券卖出
股东姓名：广州格林电器有限公司	合同号：42688
股票代码：000050	成交编号：326987
股票名称：深天马A	申报时间：14：00：00
买卖方向：卖出	成交时间：14：06：00
成交价格：11.00	佣金：
成交数量：30000股	印花税：990.00
成交金额：330000.00	过户费：0.00
实际收付：329010.00	其他费用：0.00
	备注：证券卖出
	打印时间：2013年1月15日
经办单位：广发证券环市路营业部	客户签名：李民

（印章：广发证券环市路营业部 业务专用章）

第2章 购销存岗位实训

一、实训目的

练习原材料、库存商品等的收发结存核算。

1）掌握企业购进原材料实际成本的构成及材料核算的实际成本法。

2）掌握企业购进原材料发生债务及偿还债务的会计处理。

3）掌握企业购进原材料退货及发生短缺的处理。

4）掌握材料发出的各种计价方法。

5）掌握材料发出汇总表的编制。

6）掌握完工产品入库及出库的核算。

二、实训要求

1）原材料收发采用实际成本核算。

① 根据原材料验收入库凭证，逐笔编制记账凭证，进行原材料的购入核算。

② 月末根据平时原材料发出凭证汇总编制“发出材料汇总表”，再据此编制记账凭证，集中进行原材料发出的核算（采用月末一次加权平均法）。

注意：采用月末一次加权平均法计算各项发出存货的实际成本时，为防止小数点误差（小数四舍五入，保留两位），应先计算出发出存货的实际成本（发出存货数量×加权平均单价），再计算期末各项存货的实际成本（月初存货的实际成本＋本月收入存货的成本－发出存货的成本）。

2）周转材料收发采用实际成本核算，并采用一次摊销法。

3）根据发生的经济业务，填制有关原始凭证和记账凭证。

4）注意主要印章的使用（发票专用章、现金收讫章、现金付讫章、预留银行印鉴章及相关人员印章）。

5）登记原材料、周转材料明细账及在途物资明细账。

6）编制科目汇总表。

7）根据科目汇总表登记原材料、周转材料、在途物资总账。

实训二（I）原材料收发结存核算

广州格林电器有限公司有关资料如下。

生产组织：基本生产车间三个，包括注塑车间、马达车间、滤纸车间。注塑车间生产胶件 X 与胶件 Y，马达车间生产马达，滤纸车间生产滤纸袋、滤筒，其工艺流程如图 2-1 所示，该公司的存货账户余额表见表 2-1。

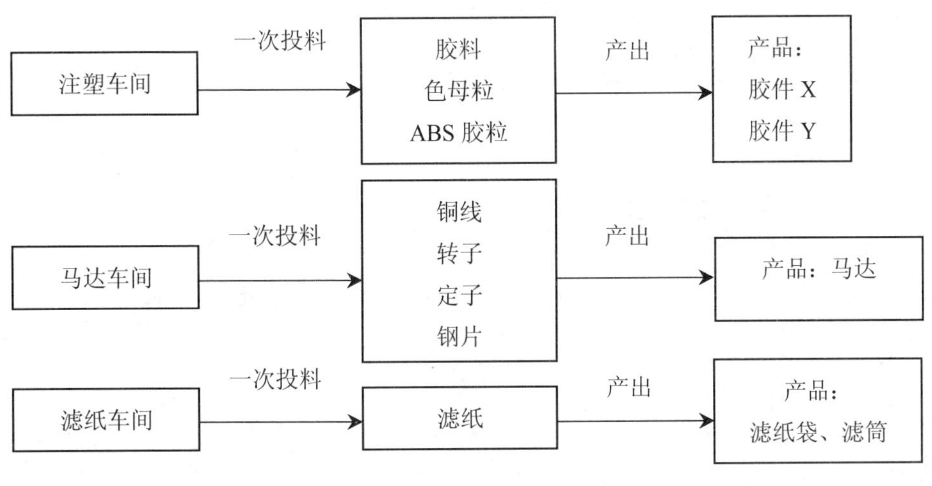

图 2-1

表 2-1

存货账户余额表

2013 年 10 月 30 日

总账账户	明细账账户	明细账格式	借或贷	总账余额	明细账余额	备　　注
在途物资			借	274 000		
	宁波艾克森投资有限公司	C	借		176 000	胶料数量 8000 千克，@22 元
	宁波艾克森投资有限公司	C	借		98 000	彩盒数量 10 000 个，@9.8 元
原材料			借	1 707 500		
	胶料	B	借		211 500	@21.15 元,数量 10 000 千克
	色母粒	B	借		60 000	@30 元,数量 2000 千克
	ABS 胶粒	B	借		40 000	@10 元,数量 4000 千克
	铜线	B	借		130 000	@65 元,数量 2000 千克

续表

总账账户	明细账账户	明细账格式	借或贷	总账余额	明细账余额	备　注
	定子	B	借		450 000	@45 元,数量 10 000 个
	钢片	B	借		126 000	@42 元,数量 3000 块
	转子	B	借		600 000	@60 元,数量 10 000 个
	滤纸	B	借		90 000	@18 元,数量 5000 千克
周转材料			借	92 000		
	彩盒	B	借		92 000	@9.2 元,数量 10 000 个
库存商品			借	1 090 000		
	胶件 X	B	借		150 000	@50 元,数量 3000 件
	胶件 Y	B	借		90 000	@30 元,数量 3000 件
	马达	B	借		750 000	@150 元,数量 5000 台
	滤纸袋	B	借		50 000	@10 元,数量 5000 个
	滤筒	B	借		50 000	@10 元,数量 5000 个

注：A 表示三栏式，B 表示数量金额式，C 表示多栏式明细账，@表示单位成本，以下同。

1）1 日，上月购买的胶料及彩盒验收入库，胶料短缺 500 千克（价款 11 000 元，增值税 1870 元），原因待查，其收料单见表 2-2。

表 2-2

收　料　单

年　月　日　　　　字第　号

来料单位			发票		号		年　月　日收到							
编号	材料名称	规格	送验数量	实收数量	单位	单价	金　额							
							十	万	千	百	十	元	角	分
备注：胶料短缺 500 千克，原因待查		验收人盖章				合计￥								

③会计

会计　出纳　复核　记账　制单

2）2 日，注塑车间领用胶料 10 000 千克，色母粒 1800 千克，ABS 胶粒 3000 千克；马达车间领用铜线 1800 千克，转子 6000 个，定子 6000 个，钢片 2500 块；滤纸车间领用滤纸 4800 千克，见表 2-3～表 2-5。

表 2-3

____字第______________号

领料部门________________

生产通知单号别__________

领　料　单

年　月　日

No. 0007001

制品名称：				制造数量：			领料用途：								
编号	品名	规格	单位	请领数量	实发数量	单价	金额								备注
							十	万	千	百	十	元	角	分	
附件：　张					合　计										

第二联：交会计部门

主管　会计　记账　发料　领料　制单

表 2-4

____字第______________号

领料部门________________

生产通知单号别__________

领　料　单

年　月　日

No. 0007002

制品名称：				制造数量：			领料用途：								
编号	品名	规格	单位	请领数量	实发数量	单价	金额								备注
							十	万	千	百	十	元	角	分	
附件：　张					合　计										

第二联：交会计部门

主管　会计　记账　发料　领料　制单

表 2-5

____字第______________号

领料部门______________

生产通知单号别__________

领 料 单

年 月 日

No. 0007003

制品名称：				制造数量：			领料用途：									第二联：交会计部门
编 号	品 名	规 格	单位	请领数量	实发数量	单价	金 额								备 注	
							十	万	千	百	十	元	角	分		
附件： 张					合 计											

主管 会计 记账 发料 领料 制单

3）3 日，向深圳明德国际贸易有限公司购买胶料 5000 千克，每千克 20 元；色母粒 1500 千克，每千克 31 元；ABS 胶粒 2000 千克，每千克 12 元；材料未入库，见表 2-6～表 2-11。

表 2-6

4403081140 **广东省增值税专用发票** № 2578697

抵 扣 联

开票日期：2013 年 11 月 3 日

购货单位	名 称：广州格林电器有限公司 纳税人识别号：440105664017608 地 址 电 话：广州市皇甫大道 68 号 开户行及账号：工行越秀支行 4895 9104 0031 9191			密码区	3<>300-3+8+7<+5-2+321<加密版本号： 4>+6059/3477626-/-+/8> 23 1<12/5<1++/87690*49/0 7543219801 6>5<24->>3*05/>>92 12567801			第二联：抵扣联 购货方扣税凭证
货物或应税劳务名称	规格型号	单位	数量	单价	金额	税率	税额	
色母粒		千克	1500	31.00	46500.00	17%	7905.00	
ABS 胶粒		千克	2000	12.00	24000.00	17%	4080.00	
胶料		千克	5000	20.00	100000.00	17%	17 000.00	
合 计					170500.00		28 985.00	
价税合计（大写）	⊗壹拾玖万玖仟肆佰捌拾伍元整				（小写）¥199 485.00			
销货单位	名 称：深圳明德国际贸易有限公司 纳税人识别号：440352215774001 地 址 电 话：深圳深南路 210 号 开户行及账号：00115-3310-0007			备注				

收款人：罗云 复核：李米 开票人：应天 销货单位：（章）

表 2-7

4403081140 **广东省增值税专用发票** № 2578697

发 票 联

开票日期：2013 年 11 月 3 日

购货单位	名　　称：广州格林电器有限公司 纳税人识别号：440105664017608 地 址 电 话：广州市皇甫大道 68 号 开户行及账号：工行越秀支行 4895 9104 0031 9191	密码区	3＜＞300-3+8+7＜+5-2+321＜加密版本号： 4＞+6059/3477626-/-+/8＞　23 1＜12/5＜1++/87690*49/0 7543219801 6＞5＜24-＞＞3*05/＞＞92 12567801

货物或应税劳务名称	规格型号	单位	数量	单价	金额	税率	税额
色母粒		千克	1500	31.00	46500.00	17%	7905.00
ABS 胶粒		千克	2000	12.00	24000.00	17%	4080.00
胶料		千克	5000	20.00	100000.00	17%	17 000.00
合　计					170500.00		28 985.00
价税合计（大写）	⊗壹拾玖万玖仟肆佰捌拾伍元整				（小写）¥199485.00		

销货单位	名　　称：深圳明德国际贸易有限公司 纳税人识别号：440352215774001 地 址 电 话：深圳深南路 210 号 开户行及账号：00115-3310-0007	备注	深圳明德国际贸易有限公司 440352215774001 发票专用章

收款人：罗云　　复核：李米　　开票人：应天　　销货单位：（章）

第三联：发票联　购货方记账凭证

表 2-8

4403124140 **货物运输业增值税专用发票** № 0000352

抵 扣 联

3100121730
02115634

开票日期：2013 年 11 月 03 日

承运人及纳税人识别号	深圳风顺运输贸易有限公司 440304289780120	密码区	028+94686＜7659+/31＜/＞+4/+/＜1/**2*23/6 6*949348530＞642＞＜66＞6*/＜＜1++*＜85+7-4 3/41/+9＞/9+1＜3+89+27294009/*4＞51+/+5 2＞＜*＜＞2+927663/+7301＞/-21/-4＜//04-+-
实际受票方及纳税人识别号	广州格林电器有限公司 440105664017608		
收货人及纳税人识别号	广州格林电器有限公司 440105664017608	发货人及纳税人识别号	深圳明德国际贸易有限公司 440352215774001
起运地、经由、到达地	深圳-广州公路运输		

费用项目及金额	费用项目	金额	费用项目	金额	运输货物信息	色母粒、ABS 胶粒、胶料
	运费	1000.00				

合计金额	¥1110.00	税率	11%	税额	¥110.00	机器编号	499000513506
价税合计（大写）	⊗壹任壹佰壹拾元整				（小写）¥1110.00		
本种车号		车船吨位		备注			
主管税务机关及代码	深南区第二税务所 440310731001						

深圳风顺运输贸易有限公司 440304289780120 发票专用章

收款人：　　复核人：　　开票人：赵元　　承运人：（章）

国税函〔2011〕632 号上海印钞有限公司

第二联　抵扣联　受票方扣税凭证

表 2-9

货物运输业增值税专用发票

发票联

4403124140　　　　№ 0000352

3100121730

02115634　　　　开票日期：2013 年 11 月 03 日

承运人及纳税人识别号	深圳风顺运输贸易有限公司 440304289780120	密码区	028+94686＜7659+/31＜/＞+4/+/＜1/**2*23/6 6*949348530＞642＞＜66＞6*/＜＜1++*＜85+7-4 3/41/+9＞/9+1＜3+89+27294009/*4＞51+/+5 2＞＜*＜＞2+927663/+7301＞/-21/-4＜//04-+-
实际受票方及纳税人识别号	广州格林电器有限公司 440105664017608		
收货人及纳税人识别号	广州格林电器有限公司 440105664017608	发货人及纳税人识别号	深圳明德国际贸易有限公司 440352215774001
起运地、经由、到达地	深圳-广州公路运输		
费用项目及金额	费用项目　金额　费用项目　金额 运费　1000.00	运输货物信息	色母粒、ABS 胶粒、胶料
合计金额	¥1110.00　税率 11%　税额 ¥110.00	机器编号	499000513506
价格合计（大写）	⊗壹仟壹佰壹拾元整	（小写）	¥1110.00
本种车号	车船吨位	备注	
主管税务机关及代码	深南区第二税务所 440310731001		

收款人：　　复核人：　　开票人：赵元　　承运人：（章）

国税函〔2011〕632 号上海印钞有限公司

第三联 发票联 受票方记账凭证

表 2-10

中国工商银行信汇凭证（回单）　3

委托日期　2013 年 11 月 3 日

汇款人	全称	广州格林电器有限公司			收款人	全称	深圳明德国际贸易有限公司		
	账号或住址	4895 9104 0031 9191				账号或住址	00115—3310—0007		
	汇出地点	广州市	汇出行全称	工行越秀支行		汇入地点	深圳市	汇入行全称	工行南山支行
金额	人民币（大写）	贰拾万零肆佰捌拾伍元整					百 十 万 千 百 十 元 角 分 ¥ 2 0 0 4 8 5 0 0		
款项已汇入收款人账户				汇入行签章			支付密码		
							附加信息及用途		
							复核　记账		

中国工商银行股份有限公司广州越秀支行 2013.11.03 核算用章(04) 王山

此联汇出行给付款人的回单

表 2-11

工 商 银 行 广 州 分 行
付款通知书

网点号：9002　　交易代码：240424　　日期：20131103

单位名称：广州格林电器有限公司			
账号：4895 9104 0031 9191			
摘要： 汇款金额： 邮电费：5.00 手续费：85.00		金额合计：	¥90.00
金额合计：(大写)	人民币玖拾元整		

第二联　回单

中国工商银行股份有限公司广州越秀支行 2013.11.03 核算用章(04) 王山

注：此付款通知书加盖我行业务公章方有效。
流水号：000151　　经办：3894

4）6 日，向深圳明德国际贸易有限公司购买的材料验收入库，胶料实收 4990 千克，色母粒 1490 千克，各短缺 10 千克，均属于正常损耗；ABS 胶粒实收 2000 千克。运费按材料实收数量分配（分配率取 2 位小数，小数点的尾数由胶料承担，实际单位成本取 2 位），见表 2-12 和表 2-13。

表 2-12

材料运费分配表

2013 年 11 月 6 日

材料名称	实收数量/千克	实收数量/千克	分配率	分配金额/元	实际总成本	实际单位成本
色母粒						
ABS 胶粒						
胶料						
合　计						

注：本题实际单位成本保留 2 位小数。

表 2-13

收　料　单

年　月　日　　　　　　　　字第　　号

来料单位			发票		号		年　月　日收到							
编号	材料名称	规格	送验数量	实收数量	单位	单价	金额							
							十	万	千	百	十	元	角	分
备注：		验收人盖章				合计￥								

③会计

会计　　出纳　　复核　　记账　　制单

5）10日，经查实，短缺的500千克胶料是由于对方工作疏忽所致，对方同意退款，退款尚未收到，见图2-2。

复　函

广州格林电器有限公司：

现查明合同#8383短缺的500千克胶料，是本公司工作人员疏忽造成，同意退款。

对贵公司造成的不便，我们深表歉意。

宁波艾克森投资有限公司

2013.11.10

（印章：宁波艾克森投资有限公司 业务专用章）

图 2-2

6）10日，向东莞赛克电磁线有限公司购买铜线2000千克，每千克62元；购买转子3000个，每个60元；购买定子3000个，每个40元；购买钢片2800件，每件40元；材料入库，见表2-14～表2-17。

表 2-14

4419074140　　**广东省增值税专用发票**　　№ 03567782

发 票 联

开票日期：2013 年 11 月 10 日

购货单位	名　　称：广州格林电器有限公司 纳税人识别号：440105664017608 地 址 电 话：广州市皇甫大道 68 号 开户行及账号：工行越秀支行 4895 9104 0031 9191	密码区	3<>19-3+8+7<+5-2+821<加密版本号： 5>+6021/3455326-/-+/8>　56 1<12/5<1++/283510*49/0 091236 5210 6>5<24->>3*05/>>92 02314587

货物或应税劳务名称	规格型号	单位	数量	单价	金额	税率	税额
铜线		千克	2000	62.00	124 000.00	17%	21 080.00
转子		个	3000	60.00	180 000.00	17%	30 600.00
定子		个	3000	40.00	120 000.00	17%	20 400.00
钢片		件	2800	40.00	112 000.00	17%	19 040.00
合　计					536000.00		91 120.00
价税合计（大写）	⊗陆拾贰万柒仟壹佰贰拾元整				（小写）¥627120.00		

销货单位	名　　称：东莞赛克电磁线有限公司 纳税人识别号：441901284511145 地 址 电 话：东莞市民主路 25 号 开户行及账号：建行东莞市民主路办	备注	

收款人：王宏　　复核：徐就　　开票人：林枫　　销货单位：（章）

第一联：发票联　购货方记账凭证

表 2-15

4419074140　　**广东省增值税专用发票**　　№ 03567782

抵 扣 联

开票日期：2013 年 11 月 10 日

购货单位	名　　称：广州格林电器有限公司 纳税人识别号：440105664017608 地 址 电 话：广州市皇甫大道 68 号 开户行及账号：工行越秀支行 4895 9104 0031 9191	密码区	3<>19-3+8+7<+5-2+821<加密版本号： 5>+6021/3455326-/-+/8>　56 1<12/5<1++/283510*49/0 091236 5210 6>5<24->>3*05/>>92 02314587

货物或应税劳务名称	规格型号	单位	数量	单价	金额	税率	税额
铜线		千克	2000	62.00	124 000.00	17%	21 080.00
转子		个	3000	60.00	180 000.00	17%	30 600.00
定子		个	3000	40.00	120 000.00	17%	20 400.00
钢片		件	2800	40.00	112 000.00	17%	19 040.00
合　计					536000.00		91 120.00
价税合计（大写）	⊗陆拾贰万柒仟壹佰贰拾元整				（小写）¥627120.00		

销货单位	名　　称：东莞赛克电磁线有限公司 纳税人识别号：441901284511145 地 址 电 话：东莞市民主路 25 号 开户行及账号：建行东莞市民主路办	备注	

收款人：王宏　　复核：徐就　　开票人：林枫　　销货单位：（章）

第二联：抵扣联　购货方扣税凭证

表 2-16

银行 No.0322912

银行汇票（多余款收账通知） 4

<table>
<tr><td colspan="3">出票日期
（大写） 贰零壹叁年壹拾壹月壹拾日</td><td colspan="10">第 号
代理付款行：建行东莞分行民主路办 行号：</td></tr>
<tr><td colspan="3">收款人：东莞赛克电磁线有限公司</td><td colspan="10">账号：0012-0015-8693-0007</td></tr>
<tr><td>出票金额</td><td>人民币
（大写）</td><td colspan="11">陆拾叁万元整</td></tr>
<tr><td rowspan="2">实际结算金额</td><td rowspan="2">人民币
（大写）</td><td rowspan="2">陆拾贰万柒仟壹佰贰拾元整</td><td>千</td><td>百</td><td>十</td><td>万</td><td>千</td><td>百</td><td>十</td><td>元</td><td>角</td><td>分</td></tr>
<tr><td></td><td>￥</td><td>6</td><td>2</td><td>7</td><td>1</td><td>2</td><td>0</td><td>0</td><td>0</td></tr>
</table>

申请人：________ 账号或住址：工行越秀支行 4895 9104 0031 9191

出票行：________

行号：________

备注：________

出票行盖章

2013年11月10日

多余金额									
千	百	十	万	千	百	十	元	角	分
			￥	2	8	8	0	0	0

左列退回多余金额已收入你账户内。

财务主管 复核

经办人

（印章：中国建设银行东莞分行 民主路办 2013.11.10 (31)）

此联出票行结清多余款后交申请人

表 2-17

收 料 单

年 月 日 字第 号

<table>
<tr><td colspan="3">来料单位</td><td colspan="3">发票 号</td><td colspan="9">年 月 日收到</td></tr>
<tr><td rowspan="2">编 号</td><td rowspan="2">材料名称</td><td rowspan="2">规 格</td><td rowspan="2">送验数量</td><td rowspan="2">实收数量</td><td rowspan="2">单位</td><td rowspan="2">单价</td><td colspan="8">金 额</td></tr>
<tr><td>十</td><td>万</td><td>千</td><td>百</td><td>十</td><td>元</td><td>角</td><td>分</td></tr>
<tr><td></td><td></td><td></td><td></td><td></td><td></td><td></td><td></td><td></td><td></td><td></td><td></td><td></td><td></td><td></td></tr>
<tr><td></td><td></td><td></td><td></td><td></td><td></td><td></td><td></td><td></td><td></td><td></td><td></td><td></td><td></td><td></td></tr>
<tr><td></td><td></td><td></td><td></td><td></td><td></td><td></td><td></td><td></td><td></td><td></td><td></td><td></td><td></td><td></td></tr>
<tr><td></td><td></td><td></td><td></td><td></td><td></td><td></td><td></td><td></td><td></td><td></td><td></td><td></td><td></td><td></td></tr>
<tr><td colspan="2">备 注：</td><td>验收人盖章</td><td colspan="3"></td><td colspan="9">合计￥</td></tr>
</table>

③会计

会计 出纳 复核 记账 制单

7）14日，向东莞赛克电磁线有限公司购买铜线2000千克，每千克60元；购买转子2000个，每个58元；购买定子2000个，每个38元；材料入库款未付，运费按材料买价分配（配率保留4位，小数点尾差由定子负担），见表2-18～表2-23。

表 2-18

4419074140　　**广东省增值税专用发票**　　№ 03567891

发　票　联

开票日期：2013 年 11 月 14 日

购货单位	名　　称：广州格林电器有限公司 纳税人识别号：440105664017608 地 址 电 话：广州市皇甫大道 68 号 开户行及账号：工行越秀支行 4895 9104 0031 9191			密码区	4<>50-3+8+7<+5-2+487< 加密版本号： 3>+6012/3456723-/-+/8> 13 1<12/5<1++/28971*49/0 0987125671 6>5<24->>3*05/>>92 078813576		
货物或应税劳务名称	规格型号	单位	数量	单价	金额	税率	税额
铜线		千克	2000	60.00	120 000.00	17%	20 400.00
转子		个	2000	58.00	116 000.00	17%	19 720.00
定子		个	2000	38.00	76 000.00	17%	12 920.00
合　计					312 000.00		53 040.00
价税合计（大写）	⊗叁拾陆万伍仟零肆拾元整				（小写）¥365040.00		
销货单位	名　　称：东莞赛克电磁线有限公司 纳税人识别号：441901284511145 地 址 电 话：东莞市民主路 25 号 开户行及账号：建行东莞市民主路办 580006231015			备注	东莞赛克电磁线有限公司 441901284511145 发票专用章		

收款人：王宏　　复核：徐凡　　开票人：林枫　　销货单位：（章）

第三联：发票联　购货方记账凭证

表 2-19

4419074140　　**广东省增值税专用发票**　　№ 03567891

抵　扣　联

开票日期：2013 年 11 月 14 日

购货单位	名　　称：广州格林电器有限公司 纳税人识别号：440105664017608 地 址 电 话：广州市皇甫大道 68 号 开户行及账号：工行越秀支行 4895 9104 0031 9191			密码区	4<>50-3+8+7<+5-2+487< 加密版本号： 3>+6012/3456723-/-+/8> 13 1<12/5<1++/28971*49/0 0987125671 6>5<24->>3*05/>>92 078813576		
货物或应税劳务名称	规格型号	单位	数量	单价	金额	税率	税额
铜线		千克	2000	60.00	120 000.00	17%	20 400.00
转子		个	2000	58.00	116 000.00	17%	19 720.00
定子		个	2000	38.00	76 000.00	17%	12 920.00
合　计					312 000.00		53 040.00
价税合计（大写）	⊗叁拾陆万伍仟零肆拾元整				（小写）¥365040.00		
销货单位	名　　称：东莞赛克电磁线有限公司 纳税人识别号：441901284511145 地 址 电 话：东莞市民主路 25 号 开户行及账号：建行东莞市民主路办 580006231015			备注	东莞赛克电磁线有限公司 441901284511145 发票专用章		

收款人：王宏　　复核：徐凡　　开票人：林枫　　销货单位：（章）

第二联：抵扣联　购货方扣税凭证

表 2-20

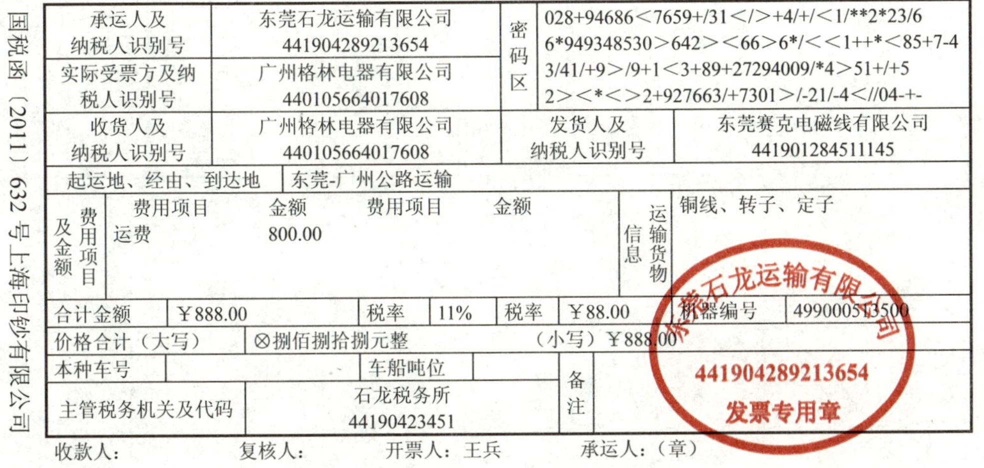

4419041453 **货物运输业增值税专用发票** № 01238306

抵扣联

3100121730

02115634 开票日期：2013 年 01 月 17 日

承运人及纳税人识别号	东莞石龙运输有限公司 441904289213654	密码区	028+94686<7659+/31</>+4/+/<1/**2*23/6 6*949348530>642><66>6*/<<1++*<85+7-4 3/41/+9>/9+1<3+89+27294009/*4>51+/+5 2><*<>2+927663/+7301>/-21/-4<//04-+-		
实际受票方及纳税人识别号	广州格林电器有限公司 440105664017608				
收货人及纳税人识别号	广州格林电器有限公司 440105664017608	发货人及纳税人识别号	东莞赛克电磁线有限公司 441901284511145		
起运地、经由、到达地	东莞-广州公路运输				
费用项目及金额	费用项目：运费　金额：800.00　费用项目　金额	运输货物信息	铜线、转子、定子		
合计金额	￥888.00	税率	11%	税额 ￥88.00	机器编号 499000513500
价格合计（大写）	⊗捌佰捌拾捌元整		（小写）￥888.00		
本种车号		车船吨位		备注	
主管税务机关及代码	石龙税务所 44190423451				

收款人：　　复核人：　　开票人：王兵　　承运人：（章）

国税函（2011）632号上海印钞有限公司

第二联 抵扣联 受票方扣税凭证

表 2-21

4419041453 **货物运输业增值税专用发票** № 01238306

发票联

3100121730

02115634 开票日期：2013 年 01 月 17 日

承运人及纳税人识别号	东莞石龙运输有限公司 441904289213654	密码区	028+94686<7659+/31</>+4/+/<1/**2*23/6 6*949348530>642><66>6*/<<1++*<85+7-4 3/41/+9>/9+1<3+89+27294009/*4>51+/+5 2><*<>2+927663/+7301>/-21/-4<//04-+-		
实际受票方及纳税人识别号	广州格林电器有限公司 440105664017608				
收货人及纳税人识别号	广州格林电器有限公司 440105664017608	发货人及纳税人识别号	东莞赛克电磁线有限公司 441901284511145		
起运地、经由、到达地	东莞-广州公路运输				
费用项目及金额	费用项目：运费　金额：800.00　费用项目　金额	运输货物信息	铜线、转子、定子		
合计金额	￥888.00	税率	11%	税额 ￥88.00	机器编号 499000513500
价格合计（大写）	⊗捌佰捌拾捌元整		（小写）￥888.00		
本种车号		车船吨位		备注	
主管税务机关及代码	石龙税务所 44190423451				

收款人：　　复核人：　　开票人：王兵　　承运人：（章）

国税函（2011）632号上海印钞有限公司

第三联 发票联 受票方记账凭证

表 2-22

材料运费分配表

2013 年 11 月 14 日

材料名称	材料买价	分 配 率	分配金额	实际成本	数 量	实际单位成本
铜线	120 000				2000	
转子	116 000				2000	
定子	76 000				2000	
合计	312 000					

注：实际单位成本保留 4 位小数。

表 2-23

收 料 单

年 月 日　　　　字第 号

<table>
<tr><td colspan="3">来料单位</td><td colspan="3">发票 号</td><td colspan="9">年 月 日收到</td></tr>
<tr><td rowspan="2">编 号</td><td rowspan="2">材料名称</td><td rowspan="2">规 格</td><td rowspan="2">送验数量</td><td rowspan="2">实收数量</td><td rowspan="2">单位</td><td rowspan="2">单价</td><td colspan="8">金 额</td></tr>
<tr><td>十</td><td>万</td><td>千</td><td>百</td><td>十</td><td>元</td><td>角</td><td>分</td></tr>
<tr><td></td><td></td><td></td><td></td><td></td><td></td><td></td><td></td><td></td><td></td><td></td><td></td><td></td><td></td><td></td></tr>
<tr><td></td><td></td><td></td><td></td><td></td><td></td><td></td><td></td><td></td><td></td><td></td><td></td><td></td><td></td><td></td></tr>
<tr><td></td><td></td><td></td><td></td><td></td><td></td><td></td><td></td><td></td><td></td><td></td><td></td><td></td><td></td><td></td></tr>
<tr><td></td><td></td><td></td><td></td><td></td><td></td><td></td><td></td><td></td><td></td><td></td><td></td><td></td><td></td><td></td></tr>
<tr><td colspan="2">备 注：</td><td>验收人
盖章</td><td colspan="3"></td><td colspan="9">合计￥</td></tr>
</table>

③会计

会计　　出纳　　复核　　记账　　制单

8）14 日，向广州凯联科技有限公司购入滤纸 6000 千克，每千克 18 元（支票付款），原材料入库，见表 2-24～表 2-26。

表 2-24

4400012356 **广东省增值税专用发票** № 0259381

发 票 联

开票日期：2013 年 11 月 14 日

购货单位	名称：广州格林电器有限公司 纳税人识别号：440105664017608 地址电话：广州市皇甫大道 68 号 开户行及账号：工行越秀支行 4895 9104 0031 9191				密码区	4＜＞40-3+8+7＜+5-2+351＜加密版本号： 3＞+2345/2873651-/-+/7＞ 57 1＜12/5＜1++/98615*49/0 3240023123 6＞5＜24-＞＞3*05/＞＞9 2 07881121		
货物或应税劳务名称		规格型号	单位	数量	单价	金额	税率	税额
滤纸			千克	6000	18.00	108 000.00	17%	18 360.00
合计						108 000.00		18 360.00
价税合计（大写）	⊗壹拾贰万陆仟叁佰陆拾元整					（小写）￥126 360.00		
销货单位	名称：广州凯联科技有限公司 纳税人识别号：440104256780980 地址电话：广州市红岭路 287 号 开户行及账号：建行广州市红岭路办事处				备注	广州凯联科技有限公司 440104256780980 发票专用章		

第三联：发票联 购货方记账凭证

收款人：潘伟 复核：刘山 开票人：李妮 销货单位：（章）

表 2-25

4400012356 **广东省增值税专用发票** № 0259381

抵 扣 联

开票日期：2013 年 11 月 14 日

购货单位	名称：广州格林电器有限公司 纳税人识别号：440105664017608 地址电话：广州市皇甫大道 68 号 开户行及账号：工行越秀支行 4895 9104 0031 9191				密码区	4＜＞40-3+8+7＜+5-2+351＜加密版本号： 3＞+2345/2873651-/-+/7＞ 57 1＜12/5＜1++/98615*49/0 3240023123 6＞5＜24-＞＞3*05/＞＞9 2 07881121		
货物或应税劳务名称		规格型号	单位	数量	单价	金额	税率	税额
滤纸			千克	6000	18.00	108 000.00	17%	18 360.00
合计						108 000.00		18 360.00
价税合计（大写）	⊗壹拾贰万陆仟叁佰陆拾元整					（小写）￥126 360.00		
销货单位	名称：广州凯联科技有限公司 纳税人识别号：440104256780980 地址电话：广州市红岭路 287 号 开户行及账号：建行广州市红岭路办事处				备注	广州凯联科技有限公司 440104256780980 发票专用章		

第二联：抵扣联 购货方扣税凭证

收款人：潘伟 复核：刘山 开票人：李妮 销货单位：（章）

表 2-26

收　料　单

年　月　日　　　　　　　　　字第　　号

来料单位			发票		号		年　月　日收到							
编号	材料名称	规格	送验数量	实收数量	单位	单价	金额							
							十	万	千	百	十	元	角	分
备　注：		验收人盖章				合计￥								

③会计

会计　　出纳　　复核　　记账　　制单

9）15 日，领用材料：注塑车间领用胶料 8000 千克，色母粒 1500 千克，ABS 胶粒 2000 千克；马达车间领用铜线 1000 千克，转子 4000 个，定子 4000 个，钢片 1500 件；滤纸车间领用滤纸 1200 千克，见表 2-27～表 2-29。

表 2-27

____字第______________号

领料部门________________

生产通知单号别__________

领　料　单

年　月　日

No. 0007013

制品名称：				制造数量：			领料用途：								
编号	品名	规格	单位	请领数量	实发数量	单价	金额								备注
							十	万	千	百	十	元	角	分	
附件：　　张					合　计										

第二联：交会计部门

主管　　会计　　记账　　发料　　领料　　制单

表 2-28

____字第______________号

领料部门______________

生产通知单号别__________

领　料　单

年　　月　　日

No. 0007014

制品名称：				制造数量：			领料用途：									
编号	品名	规格	单位	请领数量	实发数量	单价	金额								备注	第二联：交会计部门
							十	万	千	百	十	元	角	分		
附件：　　张					合　计											

主管　　会计　　记账　　发料　　领料　　制单

表 2-29

____字第______________号

领料部门______________

生产通知单号别__________

领　料　单

年　　月　　日

No. 0007015

制品名称：				制造数量：			领料用途：									
编号	品名	规格	单位	请领数量	实发数量	单价	金额								备注	第二联：交会计部门
							十	万	千	百	十	元	角	分		
附件：　　张					合　计											

主管　　会计　　记账　　发料　　领料　　制单

10）耗用材料汇总。对共同耗用材料的分配：胶件 X 与胶件 Y 按 6∶4 比例分配，滤纸袋与滤筒按 5∶5 的比例分配。各材料的加权平均单位成本保留两位小数，发出材料成本＝加权平均单位成本×发出数量，见表 2-30～表 2-40。

表 2-30

领料凭证汇总表

2013 年 11 月 30 日

领料部门	产品名称	领取材料名称	用　途	数　量	单价/元	金额/元	备　注
注塑车间	胶件 X 胶件 Y	胶料 色母粒 ABS 胶粒	生产胶件 A、胶件 B	18000 千克 3300 千克 5000 千克			A、B 件对共同耗用的材料按 6∶4 比例分配
小计							
马达车间	马达	铜线 转子 定子 钢片	生产马达	2800 千克 10000 个 10000 个 4000 件			
小计							
滤纸车间	滤纸袋 滤筒	滤纸	生产滤纸袋及滤筒	6000 千克			
合计							

制表：　　　　　　　　　　审核：

表 2-31

材料费用分配表

2013 年 11 月 30 日

应借科目	成本项目	分配比率	金额/元	备　注
生产成本—基本生产成本（A 胶件）	直接材料	60%		
生产成本—基本生产成本（B 胶件）	直接材料	40%		
小　计				
生产成本—基本生产成本（滤筒）	直接材料	50%		
生产成本—基本生产成本（滤纸袋）	直接材料	50%		
小　计				
生产成本—基本生产成本（马达）	直接材料	100%		
合计				

制表：　　　　　　　　　　审核：

表 2-32

原材料明细账

材料名称：胶料　　　　　　　　计量单位：千克

2013 年		凭证号数	摘　　要	收　　入			发　　出			结　　存		
月	日			数量	单价	金额	数量	单价	金额	数量	单价	金额
11	1		月初							10000	21.15	211 500

表 2-33

原材料明细账

材料名称：色母粒　　　　　　　　计量单位：千克

2013 年		凭证号数	摘　　要	收　　入			发　　出			结　　存		
月	日			数量	单价	金额	数量	单价	金额	数量	单价	金额
11	1		月初							2000	30	60 000

表 2-34

原材料明细账

材料名称：ABS 胶粒　　　　计量单位：千克

2013年		凭证号数	摘要	收入			发出			结存		
月	日			数量	单价	金额	数量	单价	金额	数量	单价	金额
11	1		月初							4000	10	40 000

表 2-35

原材料明细账

材料名称：转子　　　　计量单位：个

2013年		凭证号数	摘要	收入			发出			结存		
月	日			数量	单价	金额	数量	单价	金额	数量	单价	金额
11	1		月初							10000	60	600 000

表 2-36

原材料明细账

材料名称：定子　　　　　　　　　　计量单位：个

2013年		凭证	摘　要	收　入			发　出			结　存		
月	日	号数		数量	单价	金额	数量	单价	金额	数量	单价	金额
11	1		月初							10000	45	450000

表 2-37

原材料明细账

材料名称：钢片　　　　　　　　　　计量单位：件

2013年		凭证	摘　要	收　入			发　出			结　存		
月	日	号数		数量	单价	金额	数量	单价	金额	数量	单价	金额
11	1		月初							3000	42	126 000

表 2-38

原材料明细账

材料名称：滤纸　　　　　　　　　　　计量单位：千克

2013 年		凭证号数	摘　要	收　入			发　出			结　存		
月	日			数量	单价	金额	数量	单价	金额	数量	单价	金额
11	1		月初							5000	18	90 000

表 2-39

原材料明细账

材料名称：铜线　　　　　　　　　　　计量单位：千克

2013 年		凭证号数	摘　要	收　入			发　出			结　存		
月	日			数量	单价	金额	数量	单价	金额	数量	单价	金额
11	1		月初							2000	60	120 000

表 2-40

原材料明细账

材料名称：彩盒　　　　　　　　　　计量单位：件

2013年		凭证号数	摘要	收入			发出			结存		
月	日			数量	单价	金额	数量	单价	金额	数量	单价	金额
11	1		月初							10000	9.2	92 000

实训二（2）库存商品、销售核算

1）11日，产成品入库，胶件车间：胶件X 3000件，胶件Y 3000件；马达车间：马达6000台；滤纸车间：滤纸袋5000个，滤筒5000个，见表2-41～表2-43。

表 2-41

进　仓　单

№ 0010901

完成部门＿＿＿＿＿＿＿＿＿　　　　年　　月　　日

产品			单位	数量	单价	成本总额							产品明细账		说明
编号	名称	规格				万	千	百	十	元	角	分	号	页	

②财务

会计　　记账　　保管　　验收　　部门主管　　缴仓　　制单

表 2-42

进　仓　单

№ 0010902

完成部门________________　　年　　月　　日

产品			单位	数量	单价	成本总额							产品明细账		说明
编号	名称	规格				万	千	百	十	元	角	分	号	页	

②财务

会计　　记账　　保管　　验收　　部门主管　　缴仓　　制单

表 2-43

进　仓　单

№ 0010903

完成部门________________　　年　　月　　日

产品			单位	数量	单价	成本总额							产品明细账		说明
编号	名称	规格				万	千	百	十	元	角	分	号	页	

②财务

会计　　记账　　保管　　验收　　部门主管　　缴仓　　制单

2）4 日，向珠海格里电器有限公司销售产品胶件 X 2000 件，每件 80 元；胶件 Y 2000 件，每件 50 元；马达 1500 台，每台 300 元；收款见表 2-44～表 2-48。（练习填写增值税专用发票第二、三联，并加盖印章）

表 2-44

44000091140 **广东省增值税专用发票** № 02447646

开票日期：2013 年 11 月 04 日

此联不作报销、扣税凭证使用

购货单位	名　　称：珠海格里电器有限公司 纳税人识别号：440102708345671 地 址 电 话：珠海青绿路 112 号 开户行及账号：工行青绿路办 0015-1188-82331121			密码区	3＜＞20-3+8+7＜+5-2+487＜ 加密版本号： 4＞+2303/3492347-/-+/8＞ 14 1＜12/5＜1++/67341*49/0 63782190 6＞5＜24-＞＞3*05/＞＞92 07882341		
货物或应税劳务名称	规格型号	单位	数量	单价	金额	税率	税额
胶件 X		件	2000	80	160 000.00	17%	27 200.00
胶件 Y		件	2000	50	100 000.00	17%	17 000.00
马达		台	1500	300	450 000.00	17%	76 500.00
合　　计					710 000.00		120 700.00
价税合计（大写）	⊗捌拾叁万零柒佰元整				（小写）￥830 700.00		
销售单位	名　　称：广州格林电器有限公司 纳税人识别号：440105664017608 地 址 电 话：广州市皇甫大道 68 号 开户行及账号：工行越秀支行 4895 9104 0031 9191			备注			

收款人：李华　　复核：李力　　开票人：黄琳　　销货单位（章）

第一联：记账联　销货方记账凭证

表 2-45

44000091140 **广东省增值税专用发票** № 02447646

抵 扣 联

开票日期：　年　月　日

购货单位	名　　称：珠海格里电器有限公司 纳税人识别号：440102708345671 地 址 电 话：珠海青绿路 112 号 开户行及账号：工行青绿路办 0015-1188-82331121			密码区	3＜＞20-3+8+7＜+5-2+487＜ 加密版本号： 4＞+2303/3492347-/-+/8＞ 14 1＜12/5＜1++/67341*49/0 63782190 6＞5＜24-＞＞3*05/＞＞92 07882341		
货物或应税劳务名称	规格型号	单位	数量	单价	金额	税率	税额
胶件 X		件	2000	80	160 000.00	17%	27 200.00
胶件 Y		件	2000	50	100 000.00	17%	17 000.00
马达		台	1500	300	450 000.00	17%	76 500.00
合　　计					710 000.00		120 700.00
价税合计（大写）	⊗捌拾叁万零柒佰元整				（小写）￥830 700.00		
销售单位	名　　称：广州格林电器有限公司 纳税人识别号：440105664017608 地 址 电 话：广州市皇甫大道 68 号 开户行及账号：工行越秀支行 4895 9104 0031 9191			备注			

收款人：李华　　复核：李力　　开票人：黄琳　　销货单位（章）

第二联：抵扣联　购货方抵扣凭证

表 2-46

44000091140　　广东省增值税专用发票　　№ 02447646

发票联

开票日期：　年　月　日

购货单位	名　　称：珠海格里电器有限公司 纳税人识别号：440102708345671 地 址 电 话：珠海青绿路 112 号 开户行及账号：工行青绿路办 0015-1188-82331121			密码区	3＜＞20-3+8+7＜+5-2+487＜ 加密版本号： 4＞+2303/3492347-/-+/8＞ 14 1＜12/5＜1++/67341*49/0 63782190 6＞5＜24-＞＞3*05/＞＞92 07882341		
货物或应税劳务名称	规格型号	单位	数量	单价	金额	税率	税额
胶件 X		件	2000	80	160 000.00	17%	27 200.00
胶件 Y		件	2000	50	100 000.00	17%	17 000.00
马达		台	1500	300	450 000.00	17%	76 500.00
合　　计					710 000.00		120 700.00
价税合计（大写）	⊗捌拾叁万零柒佰元整　　（小写）￥830 700.00						
销售单位	名　　称：广州格林电器有限公司 纳税人识别号：440105664017608 地 址 电 话：广州市皇甫大道 68 号 开户行及账号：工行越秀支行 4895 9104 0031 9191			备注			

收款人：李华　　复核：李力　　开票人：黄琳　　销货单位（章）

第三联：发票联　购货方记账凭证

表 2-47

出　库　单

提货部门：　　　　年　月　日　　　　No. 0067001

产品			单位	数量	单价	成本总额							产品明细账		说明
编号	名称	规格				万	千	百	十	元	角	分	页	号	

部门主管　　会计　　记账　　保管　　提货人　　制单

第三联：记账

表 2-48

中国工商银行 电汇凭证（收款通知） 3

委托日期 2013 年 11 月 4 日 第 0954263 号

付款人	全称	珠海格里电器有限公司	收款人	全称	广州格林电器有限公司
	账号	0015-1188-82331121		账号	4895 9104 0031 9191
	汇出地点	珠海青绿路 150 号		汇入地点	广州市越秀路 53 号
汇出行名称		珠海工行青绿路办	汇入行名称		广州工行越秀支行
金额	人民币（大写）	捌拾叁万零柒佰元整	亿千百十万千百十元角分		￥83070000
汇款用途：购货			支付密码		
上列款项请在本人的账户内支付，并按照汇兑结算规定汇给收款人。 汇款人签章			附加信息及用途： 复核 记账		

行给收款单位的凭证

3）13 日，向深圳玛利电器公司销售产品：胶件 X 2000 件，每件 80 元；胶件 Y 2000 件，每件 50 元；马达 3000 台，每台 300 元；滤纸袋 6000 个，每个 20 元；滤筒 6000 个，每个 20 元，见表 2-49～表 2-52。

表 2-49

44000091140

广东省增值税专用发票

№ 02447647

开票日期：2013 年 11 月 13 日

此联不作报销、抵凭证使用扣

购货单位	名称：深圳玛利电器公司 纳税人识别号：440401527419217 地址电话：深圳市中华路 205 号 开户行及账号：工行中华路办 0492-9837-4271			密码区	3<>20-3+8+7<+5-2+487< 加密版本号： 4>+2303/3492347-/-+/8> 14 1<12/5<1++/67341*49/0 63782190 6>5<24->>3*05/>>92 07882341		
货物或应税劳务名称	规格型号	单位	数量	单价	金额	税率	税额
胶件 X		件	2000	80	160 000.00	17%	27 200.00
胶件 Y		件	2000	50	100 000.00	17%	17 000.00
马达		台	3000	300	900 000.00	17%	153 000.00
滤纸袋		个	6000	20	120 000.00	17%	20 400.00
滤筒		个	6000	20	120 000.00	17%	20 400.00
合计					1 400 000.00		238 000.00
价税合计（大写）	⊗壹佰陆拾叁万捌仟元整				（小写）￥1638000.00		
销货单位	名称：广州格林电器有限公司 纳税人识别号：440105664017608 地址电话：广州市皇甫大道 68 号 开户行及账号：工行越秀支行 4895 9104 0031 9191			备注			

第一联：记账联 销货方记账凭证

收款人：李华 复核：李力 开票人：黄琳 销货单位（章）

表 2-50

出 库 单

提货部门：　　　　　　　　年　月　日　　　　　　　No.0067148

产品			单位	数量	单价	成本总额							产品明细账		说明
编号	名称	规格				万	千	百	十	元	角	分	页	号	

第三联：记账

部门主管　　会计　　记账　　保管　　提货人　　制单

表 2-51

现 金 支 出 凭 单

第 1 号

附件 1 张　　　　2013 年 11 月 13 日

对方科目编号	

用款事项：代垫运费

人民币：(大写) 伍佰元整　　　　¥500.00

收款人：黄琳 （签章）	主管人员：李力 （签章）	会计人员：黄琳 （签章）	出纳员：李华 收讫 （签章）

表 2-52

托收凭证（受理回单） 1

委托日期　　年　月　日

业务类型	委托收款（□邮划 □电划）　托收承付（□邮划 □电划）				
付款人	全 称		收款人	全 称	
	账 号			账 号	
	开户行			开户行	
托收金额	人民币（大写）			千 百 十 万 千 百 十 元 角 分	
款项内容	货款	托收凭据名称	托收承付	附寄单证张数	3 张
商品发运情况	已发运		合同名称号码	7491	
备注： 复核　记账		款项收妥日期 年　月　日		收款单位开户银行盖章 年　月　日	

4）22 日，产品完工入库：胶件 X 2800 件，胶件 Y 2800 件，马达 2000 台，滤纸袋 3000 个，滤筒 3000 个，见表 2-53。

表 2-53

进 仓 单 № 0010903

完成部门____________ 年 月 日

产品			单位	数量	单价	成本总额							产品明细账		说明
编号	名称	规格				万	千	百	十	元	角	分	号	页	

会计　记账　保管　验收　部门主管　缴仓　制单

②财务

5）23 日，销售产品给湛江万和商贸集团，收商业承兑汇票（期限 3 个月，面值 1 193 400 元，填写商业承兑汇票）。胶件 X 2000 件，每件 80 元；胶件 Y 2000 件，每件 50 元；马达 2000 台，每台 300 元；滤纸袋 4000 个，每个 20 元；滤筒 4000 个，每个 20 元。见表 2-54～表 2-56。

表 2-54

4400091140 **广东省增值税专用发票** № 02447648

此联不作报销、扣税凭证使用 开票日期： 2013 年 11 月 23 日

购货单位	名称：湛江万和商贸集团 纳税人识别号：440503764812531 地址电话：湛江市民生路 71 号 开户行及账号：工行民生路办 5012-5361-2517	密码区	3＜＞20-3+8+7＜+5-2+487＜加密版本号： 4＞+2303/3492347-/-+/8＞ 14 1＜12/5＜1++/67341*49/0 63782190 6＞5＜24-＞＞3*05/＞＞92 07882341

货物或应税劳务名称	规格型号	单位	数量	单价	金额	税率	税额
胶件 X		件	2000	80	160 000.00	17%	27200.00
胶件 Y		件	2000	50	100 000.00	17%	17000.00
马达		台	2000	300	600 000.00	17%	102000.00
滤纸袋		个	4000	20	80 000.00	17%	13600.00
滤筒		个	4000	20	80 000.00	17%	13600.00
合计					1020 000.00		173 400.00
价税合计（大写）	⊗壹佰壹拾玖万叁仟肆佰元整					（小写）￥1193400.00	

销货单位	名称：广州格林电器有限公司 纳税人识别号：440105664017608 地址电话：广州市皇甫大道 68 号 开户行及账号：工行越秀支行 4895 9104 0031 9191	备注	

收款人：李华　复核：李力　开票人：黄琳　销货单位（章）

第一联：记账联 销货方记账凭证

表 2-55

出 库 单

提货部门： 年 月 日 No. 0067149

产品			单位	数量	单价	成本总额							产品明细账		说明
编号	名称	规格				万	千	百	十	元	角	分	页	号	

第三联：记账

部门主管 会计 记账 保管 提货人 制单

表 2-56

商业承兑汇票（存 根） 3

出票日期（大写） 年 月 日 汇票号码：0269359

付款人	全 称		收款人	全 称	
	账 号			账 号	
	开户行			开户行	

出票金额	人民币（大写）		千	百	十	万	千	百	十	元	角	分

汇票到期日（大写）		付款行	行号	562132
承兑协议编号			地址	湛江市民生路 71 号
备注：		负责 经办		

此联由出票人查存

6）29 日，产品完工入库：胶件 X 2000 件，胶件 Y 2000 件，马达 1000 台，滤纸袋 2000 个，滤筒 2000 个，见表 2-57。

表 2-57

进　仓　单

№ 0010905

完成部门＿＿＿＿＿＿＿＿＿＿　　　　年　　月　　日

产品			单位	数量	单价	成本总额							产品明细账		说明
编号	名称	规格				万	千	百	十	元	角	分	号	页	

②财务

会计　　记账　　保管　　验收　　部门主管　　缴仓　　制单

7）30 日，向广州科隆有限公司销售胶件 X 2100 件，每件 80 元；胶件 Y 2100 件，每件 50 元；马达 2500 台，每台 300 元；滤纸袋 2000 个，每个 20 元；滤筒 2000 个，每个 20 元；货款未收，见表 2-58 和表 2-59。

表 2-58

4400091140

广东省增值税专用发票

№ 02447649

开票日期：2013 年 11 月 30 日

此联不作报销、扣税凭证使用

购货单位	名称：广州科隆有限公司 纳税人识别号：440102708345671 地址电话：广州中山路259号 开户行及账号：工行中山路办 0015-1188-82331133				密码区	3<>20-3+8+7<+5-2+487< 加密版本号： 4>+2303/3492347-/-+/8> 14 1<12/5<1++/67341*49/0 63782190 6>5<24->>3*05/>>92 07882341		
货物或应税劳务名称	规格型号	单位	数量	单价		金额	税率	税额
胶件 X		件	2100	80		168 000.00	17%	28560.00
胶件 Y		件	2100	50		105 000.00	17%	17850.00
马达		台	2500	300		750 000.00	17%	127500.00
滤纸袋		个	2000	20		40 000.00	17%	6800.00
滤筒		个	2000	20		40 000.00	17%	6800.00
合计						1 103 000.00		187 510.00
价税合计（大写）	⊗壹佰贰拾玖万零伍佰壹拾元整					（小写）￥1290510.00		
销货单位	名称：广州格林电器有限公司 纳税人识别号：440105664017608 地址电话：广州市皇甫大道 68 号 开户行及账号：工行越秀支行 4895 9104 0031 9191				备注			

第一联：记账联　销货方记账凭证

收款人：李华　　复核：李力　　开票人：黄琳　　销货单位（章）

表 2-59

出 库 单

提货部门：　　　　　　　　　　　年　　月　　日　　　　　　　　　　No. 0067147

产品			单位	数量	单价	成本总额							产品明细账		说明
编号	名称	规格				万	千	百	十	元	角	分	页	号	

第三联：记账

部门主管　　　　会计　　　　记账　　　　保管　　　　提货人　　　　制单

8）30 日，销售材料转子 100 个给广州万宝电器有限公司，每个售价 70 元（成本 60 元），货款未收。完成以下原始凭证并盖相关印章，见表 2-60 和表 2-61。

表 2-60

4400091140

广东省增值税专用发票

№02447650

开票日期：　　年　月　日

此联不作报销、扣税凭证使用

购货单位	名　称：广州万宝电器有限公司 纳税人识别号：440103508341239 地 址 电 话：广州解放路 36 号 开户行及账号：工行解放路办 0015-1191-82112364			密码区	3<>20-3+8+7<+5-2+487<　加密版本号： 4>+2303/3492347-/-+/8>　14 1<12/5<1++/67341*49/0　63782190 6>5<24->>3*05/>>92　07882341		
货物或应税劳务名称	规格型号	单位	数量	单价	金额	税率	税额
合　计							
价税合计（大写）					（小写）￥		
销货单位	名　称：广州格林电器有限公司 纳税人识别号：440105664017608 地 址 电 话：广州市皇甫大道 68 号 开户行及账号：工行越秀支行 4895 9104 0031 9191			备注			

第一联：记账联　销货方记账凭证

收款人：李华　　　　复核：李力　　　　开票人：黄琳　　　　销货单位（章）

表 2-61

出 库 单

提货部门： 年 月 日 No. 0067148

产品			单位	数量	单价	成本总额							产品明细账		说明
编号	名称	规格				万	千	百	十	元	角	分	页	号	

第三联：记账

部门主管 会计 记账 保管 提货人 制单

9）结转完工产品成本，见表 2-62。

表 2-62

完工产品成本汇总表

2013 年 11 月 30 日

产品名称	完工数量	单位成本/元	总成本/元
胶件 X	7800 件	53	413 400
胶件 Y	7800 件	32	249 600
马达	9000 台	160	1 440 000
滤纸袋	10 000 个	11	110 000
滤筒	10 000 个	11	110 000
合 计			2 323 000

制表： 审核：

10）结转销售产品成本（分别采用月末一次加权平均法及先进先出法计算，单位成本保留 2 位），见表 2-63 和表 2-64。

表 2-63

产品销售成本计算表（月末一次加权平均法）

2013 年 11 月 30 日

产品名称	销售数量	单位成本/元	总成本/元
胶件 X			
胶件 Y			
马达			
滤纸袋			
滤筒			
合 计			

制表： 审核：

表 2-64

产品销售成本计算表（先进先出法）

2013 年 11 月 30 日

产品名称	销售数量	单位成本/元	总成本/元
胶件 X			
胶件 Y			
马达			
滤纸袋			
滤筒			
合　计			

制表：　　　　审核：

11）结转材料销售成本，见表 2-65～表 2-75。

表 2-65

材料销售成本计算表

2010 年 11 月 30 日

材料名称	销售数量/个	单位成本/元	总成本/元
转子	100	60	6000
合　计	100	60	6000

制表：　　　　审核：

表 2-66

产成品明细账

产品名称：胶件 X　　　　计量单位：件

2013 年		凭证号数	摘　要	收　入			发　出			结　存		
月	日			数量	单价	金额	数量	单价	金额	数量	单价	金额
11	1		月初							3000	50	150 000

表 2-67

产成品明细账

产品名称：胶件 Y　　　　　　　　　　　计量单位：件

2013 年		凭证号数	摘　　要	收　　入			发　　出			结　　存		
月	日			数量	单价	金额	数量	单价	金额	数量	单价	金额
11	1		月初							3000	30	90 000

表 2-68

产成品明细账

产品名称：马达　　　　　　　　　　　　计量单位：台

2013 年		凭证号数	摘　　要	收　　入			发　　出			结　　存		
月	日			数量	单价	金额	数量	单价	金额	数量	单价	金额
11	1		月初							5000	150	750 000

表 2-69

产成品明细账

产品名称：滤纸袋　　　　　　　　　　计量单位：个

2013年		凭证号数	摘要	收入			发出			结存		
月	日			数量	单价	金额	数量	单价	金额	数量	单价	金额
11	1		月初							5000	10	50 000

表 2-70

产成品明细账

产品名称：滤筒　　　　　　　　　　计量单位：个

2013年		凭证号数	摘要	收入			发出			结存		
月	日			数量	单价	金额	数量	单价	金额	数量	单价	金额
11	1		月初							5000	10	50 000

表 2-71

产成品明细账

产品名称：胶件 X　　　　　　　　计量单位：件

2013 年		凭证号数	摘　要	收　入			发　出			结　存		
月	日			数量	单价	金额	数量	单价	金额	数量	单价	金额
11	1		月初							3000	50	150 000

表 2-72

产成品明细账

产品名称：胶件 Y　　　　　　　　计量单位：件

2013 年		凭证号数	摘　要	收　入			发　出			结　存		
月	日			数量	单价	金额	数量	单价	金额	数量	单价	金额
11	1		月初							3000	30	90 000

表 2-73

产成品明细账

产品名称：马达　　　　　　　　　　计量单位：台

2013 年		凭证号数	摘　　要	收　　入			发　　出			结　　存		
月	日			数量	单价	金额	数量	单价	金额	数量	单价	金额
11	1		月初							5000	150	750 000

表 2-74

产成品明细账

产品名称：滤纸袋　　　　　　　　　计量单位：个

2013 年		凭证号数	摘　　要	收　　入			发　　出			结　　存		
月	日			数量	单价	金额	数量	单价	金额	数量	单价	金额
11	1		月初							5000	10	50 000

表 2-75

产成品明细账

产品名称：滤筒　　　　　　　　　　　　计量单位：个

2013年		凭证号数	摘　要	收　入			发　出			结　存		
月	日			数量	单价	金额	数量	单价	金额	数量	单价	金额
11	1		月初							5000	10	50 000

第3章 往来款项核算岗位实训

实训三 往来款项核算岗位实训

一、实训目的

练习往来款项的核算。

1）掌握企业购进货物发生债务及偿还债务的会计处理。

2）掌握销售货物发生的债权及收回债权的会计处理。

3）掌握坏账准备的核算。

4）掌握其他应收及暂付款项的会计处理。

5）掌握其他应付及暂收款项的会计处理。

6）掌握应付职工薪酬、应交税费的核算。

二、实训要求

1）根据发生的经济业务，填制有关原始凭证和记账凭证。

2）注意主要印章的使用（发票专用章、现金收讫章、现金付讫章、预留银行印鉴章及相关人员印章）。

3）登记有关应收账款、应付账款、预收账款、预付账款、其他应收款、其他应付款、应付职工薪酬、应交税费等明细账。

4）编制科目汇总表，并根据科目汇总表登记有关总账。

5）规范装订记账凭证。

6）非记账凭证附件及账页另行装订。

三、实训资料

广州格林电器有限公司 2013 年 12 月部分业务如表 3-1 所示。

表 3-1

总账	明细账格式		借或贷	余额		备注
				总账	明细账	
应收账款			借	946 000		
	深圳玛利电器有限公司	A	借		300 000	
	广州友谊股份有限公司		借		96 000	
	广州百佳股份有限公司		借		200 000	
	珠海新亦佳股份有限公司		借		300 000	
	广州康佳有限公司		借		50 000	
坏账准备		A	贷	40 000	40 000	
其他应收款		A	借	5000		
	付强	A	借		5000	借支差旅费
应付票据		A	贷	400 000		
	深圳明德国际贸易有限公司	A	贷		400 000	
应付账款			贷			
	广州凯联科技有限公司	A	贷		296 000	
	广州自来水公司	A	贷		5650	
	广州供电局	A	贷		140 400	
		A	贷			
其他应付款		A	贷	36455		
	代扣个人住房公积金	A	贷		19 020	
	代扣个人社会保险	A	贷		17435	
应付职工薪酬						
	社会保险费	A	贷		44 679	
	住房公积金	A	贷		19 020	
	职工教育经费	A	贷		5000	
应交税费						
	未交增值税				400 000	
	应交城市维护建设税				28 000	
	应交教育费附加				12 000	
	应交个人所得税				4000	

1）12 月 1 日，公司总经理付强报销差旅费 5120 元，补给现金 120 元（原借款 5000 元），见表 3-2 和表 3-3。

表 3-2

差旅费报销单

单位名称　　　　填报日期：2013 年 12 月 01 日

姓名	付强	出差地点	北京	出差日期	自 2013 年 10 月 28 日 至 2013 年 11 月 5 日
事由	公差				

日期			起讫地点		车船费		在途补助			住勤补助			杂（宿）费	备注
年	月	日	起	讫	类别	金额	行程时间	标准	金额	日数	标准	金额		
2013	10	28	广州	北京		1500 00	小时			8	40	320 00	1000 00	
	11	5	北京	广州		1500 00	小时						800 00	
							小时							
							小时							

以上单据共 10 张 总计金额人民币（大写）伍 仟 壹 佰 贰 拾 零 元 零 角 零 分	经领人盖章	付强
预支旅费人民币¥5000 元，补给现金人民币¥120 元		

主管　　　审核 李力　　　出纳 李华　　　填报人 付强

表 3-3

现金支出凭单

第　　号

附件 8 张　　　　2013 年 12 月 01 日　　　　对方科目编号

用款事项：补给现金（差旅费）

人民币（大写）壹佰贰拾元整

交款人	主管人员：李力	会计人员：	出纳员收讫：
付强			
（签章）	（签章）	（签章）	（签章）

（注：其他附件略）

2）2 日，收到广州友谊股份有限公司一张支票，偿还上月欠款 96 000 元，当日背书转让给广州凯联科技有限公司（用于还款，见余额表表 3-4）。

表 3-4

中国工商银行支票（粤） GS 4021

本支票付款期限十天

出票日期（大写） 贰零壹叁 年 壹拾贰 月 零贰 日　付款行名称：工行天河支行

收款人：广州格林电器有限公司　出票人账号：7963254

人民币（大写）	千	百	十	万	千	百	十	元	角	分
玖万陆仟元整			¥	9	6	0	0	0	0	0

用途 货款

上列款项请从

我账户内支付

出票人签章

广州友谊股份有限公司财务章　李华丽章

复核　记账

（支票背面）

附加信息：	背书人
身份证件名称：　发证机关：	
号码	背书人签章 年 月 日

（贴粘单处）

3）4 日，承兑两个月期限的商业汇票一张，偿付广州凯联科技有限公司的上月欠款 200 000 元（填写商业汇票），见表 3-5。

表 3-5

商业承兑汇票（存 根） 3

出票日期（大写） 年 月 日 汇票号码：0271189

出票人全称		收款人	收款人全称	
出票人账号			账号或地址	4895 9104 1567 7878
付款行全称			开户银行	工行天河支行

出票金额	人民币（大写）		千	百	十	万	千	百	十	元	角	分

汇票到期日（大写）		付款行	行号	567567
承兑协议编号	9112		地址	广州越秀区建设路 23 号
	备注：还货款			

此联由出票人查存

4）5 日，收到深圳玛利电器有限公司上月欠款 300 000 元，见表 3-6。

表 3-6

中国工商银行 电汇凭证（收款通知） 3

委托日期 2013 年 12 月 05 日 第 0943211 号

付款人	全称	深圳玛利电器有限公司	收款人	全称	广州格林电器有限公司
	账号	0492-9837-4271		账号	4895 9104 0031 9191
	汇出地点	深圳市中华路 100 号		汇入地点	广州
汇出行名称		工行中华路办	汇入行名称		工行越秀支行

金额	人民币（大写）	叁拾万元整	亿	千	百	十	万	千	百	十	元	角	分
					¥	3	0	0	0	0	0	0	0

汇款用途：还货款	支付密码
上列款项请在本人的账户内支付，并按照汇兑结算规定汇给收款人。 汇款人签章	附加信息及用途： 复核 记账

（印章：中国工商银行股份有限公司广州越秀支行 2013.12.05 核算用章(04) 王丹）

此联是汇出银行给汇款单位的回单

5）5 日，预付给深圳明德国际贸易有限公司货款 200 000 万元，见表 3-7 和表 3-8。

表 3-7

中国工商银行 信汇凭证（回单） 3

委托日期 2013 年 12 月 5 日

汇款人	全 称	广州格林电器有限公司			收款人	全 称	深圳明德国际贸易有限公司									
	账号或住 址	4895 9104 0031 9191				账号或住 址	00115-3310-0007									
	汇出地点	广州市	汇出行全 称	广州市工行越秀支行		汇入地点	深圳市	汇入行全 称	市工行南山办							
金额	人民币（大写）	贰拾万元整					百	十	万	千	百	十	元	角	分	
							¥	2	0	0	0	0	0	0		
款项已汇入收款人账户 中国工商银行股份有限公司广州越秀支行 2013.12.05 核算用章(04) 王山 汇入行签章							支付密码									
							附加信息及用途 复核 记账									

此联系汇出行给付款人的回单

表 3-8

中国工商银行（广州越秀支行）付款通知书

日期：2013-12-05

网点号：441105 交易号代码：851110

单位名称：广州格林电器有限公司			
账号：4895 9104 0031 9191			
摘要： 往来账 邮电费：85.00 手续费：5.00 中国工商银行股份有限公司广州越秀支行 2013.12.05 核算用章(04) 王山		金额合计	CNY90.00
金额合计（大写）	人民币玖拾元整		

第二联 回单

注：此付款通知书加盖我行业务公章方有效。

流水号：44143180028 经办：4414318

6）8 日，交纳上月增值税 400 000 元，城建税 28 000 元，教育费附加 12 000 元，个人所得税 4000 元，合计 444 000 元，见表 3-9～表 3-11。

表 3-9

电子缴税系统回单

记账日期　2013.12.08　　　　00888473

付款人	全称	广州格林电器股份有限公司	收款人	全称	广州市国税白云区国家税务局
	账号	4895 9104 0031 9191		账号	036001012002156
	开户银行	工商银行广州越秀支行		开户银行	国家金库白云支库

金额	人民币（大写）	肆拾万元整	亿	千	百	十	万	千	百	十	元	角	分
					¥	4	0	0	0	0	0	0	0

款项内容	代扣（国税）税款	电子税票号：0000010065085978		
纳税人名称	广州格林电器股份有限公司	纳税人编码：010200034299		
税种	所属期	纳税金额	备注	上列款项已按规定转讫（银行盖章）清算日期：2010.12.08
增值税	20101101—20101130	¥400000.00	国税	

中国工商银行股份有限公司广州越秀支行 2013.12.08 核算用章(04) 王山

打印日期：2010.12.08

第二联　交付款单位

表 3-10

电子缴税系统回单

记账日期　2013.12.08　　　　00900005

付款人	全称	广州格林电器股份有限公司	收款人	全称	广州市地税白云区征收分局
	账号	4895 9104 0031 9191		账号	036001012002081
	开户银行	工商银行广州越秀支行		开户银行	国家金库白云支库

金额	人民币（大写）	肆万元整	亿	千	百	十	万	千	百	十	元	角	分
						¥	4	0	0	0	0	0	0

款项内容	代扣（地税）税款	电子税票号：3210100392965519		
纳税人名称	广州格林电器股份有限公司	纳税人编码：440105664017б		
税种	所属期	纳税金额	备注	上列款项已按规定转讫（银行盖章）清算日期：2010.12.08
城市维护建设税	20101101—20101130	¥28000.00	地税	
教育费附加	20101101—20101130	¥12000.00	地税	

中国工商银行股份有限公司广州越秀支行 2013.12.08 核算用章(04) 王山

打印日期：2010.12.08

第二联　交付款单位

表 3-11

电子缴税系统回单

记账日期 2013.12.08 00898005

<table>
<tr><td rowspan="3">付款人</td><td>全　称</td><td>广州格林电器股份有限公司</td><td rowspan="3">收款人</td><td>全　称</td><td colspan="11">广州市地税白云区征收分局</td></tr>
<tr><td>账　号</td><td>4895 9104 0031 9191</td><td>账　号</td><td colspan="11">036001012002081</td></tr>
<tr><td>开户银行</td><td>工商银行广州越秀支行</td><td>开户银行</td><td colspan="11">国家金库白云支库</td></tr>
<tr><td rowspan="2">金额</td><td rowspan="2">人民币（大写）</td><td colspan="3" rowspan="2">肆仟元整</td><td>亿</td><td>千</td><td>百</td><td>十</td><td>万</td><td>千</td><td>百</td><td>十</td><td>元</td><td>角</td><td>分</td></tr>
<tr><td></td><td></td><td></td><td></td><td>¥</td><td>4</td><td>0</td><td>0</td><td>0</td><td>0</td><td>0</td></tr>
<tr><td colspan="2">款项内容</td><td>代扣（地税）税款</td><td colspan="13">电子税票号：3201001392897747</td></tr>
<tr><td colspan="2">纳税人名称</td><td>广州格林电器股份有限公司</td><td colspan="13">纳税人编码：4401056640176</td></tr>
<tr><td colspan="2">税种</td><td>所属期</td><td colspan="3">纳税金额</td><td colspan="4">备注</td><td colspan="6" rowspan="2">上列款项已按规定转讫
（银行盖章）
清算日期：
2013.12.08</td></tr>
<tr><td colspan="2">个人所得税</td><td>20101101—20101130</td><td colspan="3">¥4000.00</td><td colspan="4">地税</td></tr>
</table>

第二联　交付款单位

中国工商银行股份有限公司广州越秀支行 2013.12.08 核算用章(04) 王山

打印日期：2013.12.08

7）9日，收到向深圳明德国际贸易有限公司购买的材料。其中：胶料5000千克，每千克20元；色母粒1500千克，每千克30元；吸嘴2000个，每个18元，见表3-12～表3-15（5日预付货款200 000元）。

表 3-12

4403081140　　**广东省增值税专用发票**　　№ 25787972

抵扣联

开票日期：2013 年 12 月 09 日

购货单位	名称：广州格林电器有限公司 纳税人识别号：440105664017608 地址电话：广州市皇甫大道 68 号 开户行及账号：工行越秀支行 4895 9104 0031 9191	密码区	3<>20-3+8+7<+5-2+487<加密版本号： 4>+6059/3477626-/-+/8>　23 1<12/5<1++/28220*49/0 3240023220 6>5<24->>3*05/>>92 07881134

货物或应税劳务名称	规格型号	单位	数量	单价	金额	税率	税额
色母粒		千克	1500	30.00	45 000.00	17%	7650.00
吸嘴		个	2000	18.00	36 000.00	17%	6120.00
胶料		千克	5000	20.00	100 000.00	17%	17000.00
合　计					181 000.00		30 770.00
价税合计（大写）	⊗贰拾壹万壹仟柒佰柒拾元整					（小写）	¥211770.00

销货单位	名称：深圳明德国际贸易有限公司 纳税人识别号：440352215774001 地址电话：深圳深南路 210 号 开户行及账号：00115-3310-0007	备注	深圳明德国际贸易有限公司 440352215774001 发票专用章

收款人：罗励华　　复核：李金　　开票人：全添　　销货单位：（章）

第二联：抵扣联　购货方扣税凭证

表 3-13

4403081140　　**广东省增值税专用发票**　　№ 2578797

发票联

开票日期：2013 年 12 月 09 日

购货单位	名称：广州格林电器有限公司 纳税人识别号：440105664017608 地址电话：广州市皇甫大道 68 号 开户行及账号：工行越秀支行 4895 9104 0031 9191	密码区	3<>20-3+8+7<+5-2+487<加密版本号： 4>+6059/3477626-/-+/8>　23 1<12/5<1++/28220*49/0 3240023220 6>5<24->>3*05/>>92 07881134

货物或应税劳务名称	规格型号	单位	数量	单价	金额	税率	税额
色母粒		千克	1500	30.00	45 000.00	17%	7650.00
吸嘴		个	2000	18.00	36 000.00	17%	6120.00
胶料		千克	5000	20.00	100 000.00	17%	17000.00
合　计					181 000.00		30 770.00
价税合计（大写）	⊗贰拾壹万壹仟柒佰柒拾元整					（小写）	¥211770.00

销货单位	名称：深圳明德国际贸易有限公司 纳税人识别号：440352215774001 地址电话：深圳深南路 210 号 开户行及账号：00115-3310-0007	备注	深圳明德国际贸易有限公司 440352215774001 发票专用章

收款人：罗励华　　复核：李金　　开票人：全添　　销货单位：（章）

第三联：发票联　购货方记账凭证

8）10日，补付深圳明德国际贸易有限公司货款11770元，见表3-14和表3-15。

表3-14

中国工商银行 信汇凭证（回单） 3

委托日期 2013年12月10日

汇款人	全 称	广州格林电器有限公司			收款人	全 称	深圳明德国际贸易有限公司									
	账号或住址	4895 9104 0031 9191				账号或住址	00115-3310-0007									
	汇出地点	广州市	汇出行全称	广州市工行越秀支行		汇入地点	深圳市		汇入行全称			市工行南山办				
金额	人民币（大写）	壹万壹仟柒佰柒拾元整					百	十	万	千	百	十	元	角	分	
								¥	1	1	7	7	0	0	0	
款项已汇入收款人账户 汇入行签章							支付密码									
							附加信息及用途 复核 记账									

（印章：中国工商银行股份有限公司广州越秀支行 2013.12.10 核算用章(04) 王山）

此联系汇出行给付款人的回单

表3-15

中国工商银行（广州越秀支行）付款通知书

日期：2013-12-10

网点号：441105　　　　交易号代码：851231

单位名称：广州格林电器有限公司		
账号：4895 9104 0031 9191		
摘要： 往来账 邮电费：35.00 手续费：5.00	金额合计	CNY40.00
金额合计（大写）	人民币肆拾元整	

（印章：中国工商银行股份有限公司广州越秀支行 2013.12.10 核算用章(04) 王山）

第二联 回单

注：此付款通知书加盖我行业务公章方有效。

流水号：44143180130　　　　经办：4414456

9）10 日，向深圳明德国际贸易有限公司购买胶料 5000 千克，每千克 20 元；吸嘴 2000 个，每个 18 元，材料未入库，承兑两个月期限的商业汇票一张（要求填写商业汇票），见表 3-16～表 3-20。

表 3-16

4403081140 **广东省增值税专用发票** № 25787278

抵 扣 联 开票日期：2013 年 12 月 10 日

购货单位	名称：广州格林电器有限公司 纳税人识别号：440105664017608 地址电话：广州市皇甫大道 68 号 开户行及账号：工行越秀支行 4895 9104 0031 9191				密码区	3＜＞20-3+8+7＜+5-2+487＜加密版本号： 4>+6059/3477626-/-+/8> 23 1<12/5<1++/28220*49/0 3240023220 6>5<24->>3*05/>>92 07881134		第二联：抵扣联 购货方扣税凭证
货物或应税劳务名称	规格型号	单位	数量	单价	金额	税率	税额	
吸嘴		个	2000	18.00	36000.00	17%	6120.00	
胶料		千克	5000	20.00	100000.00	17%	17000.00	
合计					136000.00		23120.00	
价税合计（大写）	⊗壹拾伍万玖仟壹佰贰拾元整					（小写）¥159120.00		
销货单位	名称：深圳明德国际贸易有限公司 纳税人识别号：440352215774001 地址电话：深圳深南路 210 号 开户行及账号：00115-3310-0007				备注	深圳明德国际贸易有限公司 440352215774001 发票专用章		

收款人：罗励华　　复核：李金　　开票人：全添　　销货单位：（章）

表 3-17

4403081140 **广东省增值税专用发票** № 25787278

发 票 联 开票日期：2013 年 12 月 10 日

购货单位	名称：广州格林电器有限公司 纳税人识别号：440105664017608 地址电话：广州市皇甫大道 68 号 开户行及账号：工行越秀支行 4895 9104 0031 9191				密码区	3＜＞20-3+8+7＜+5-2+487＜加密版本号： 4>+6059/3477626-/-+/8> 23 1<12/5<1++/28220*49/0 3240023220 6>5<24->>3*05/>>92 07881134		第三联：发票联 购货方记账凭证
货物或应税劳务名称	规格型号	单位	数量	单价	金额	税率	税额	
吸嘴		个	2000	18.00	36000.00	17%	6120.00	
胶料		千克	5000	20.00	100000.00	17%	17000.00	
合计					136000.00		23120.00	
价税合计（大写）	⊗壹拾伍万玖仟壹佰贰拾元整					（小写）¥159120.00		
销货单位	名称：深圳明德国际贸易有限公司 纳税人识别号：440352215774001 地址电话：深圳深南路 210 号 开户行及账号：00115-3310-0007				备注	深圳明德国际贸易有限公司 440352215774001 发票专用章		

收款人：罗励华　　复核：李金　　开票人：全添　　销货单位：（章）

表 3-18

4403081140 **货物运输业增值税专用发票** № 25787278

抵扣联

（全国统一发票监制章 深圳 国家税务局）

开票日期：2013 年 12 月 10 日

承运人及纳税人识别号	深圳风顺运输贸易有限公司 440304289780120	密码区	028+94686＜7659+/31＜/＞+4/+/＜1/**2*23/6 6*949348530＞642＞＜66＞6*/＜＜1++*＜85+7-4 3/41/+9＞/9+1＜3+89+27294009/*4＞51+/+5 2＞＜*＜＞2+927663/+7301＞/-21/-4＜//04-+-
实际受票方及纳税人识别号	广州格林电器有限公司 440105664017608		
收货人及纳税人识别号	广州格林电器有限公司 440105664017608	发货人及纳税人识别号	深圳市宏记金刚石工具有限公司 440352215774001
起运地、经由、到达地	深圳-广州公路运输		
费用项目及金额	费用项目：运费　金额：600.00　费用项目　金额	运输货物信息	吸嘴、胶料
合计金额	￥666.00　税率 11%　税额 ￥66.00	机器编号	499000513601
价格合计（大写）	⊗陆佰陆拾陆元整	（小写）	￥666.00
本种车号	车船吨位	备注	
主管税务机关及代码	深南区第二税务所 440310731001		

收款人：　　复核人：　　开票人：赵元　　承运人：（章）

（深圳风顺运输有限公司 440304289780120 发票专用章）

国税函〔2011〕632号上海印钞有限公司

第二联 抵扣联 受票方扣税凭证

表 3-19

4403081140 **货物运输业增值税专用发票** № 25787278

发票联

（全国统一发票监制章 深圳 国家税务局）

开票日期：2013 年 12 月 10 日

承运人及纳税人识别号	深圳风顺运输贸易有限公司 440304289780120	密码区	028+94686＜7659+/31＜/＞+4/+/＜1/**2*23/6 6*949348530＞642＞＜66＞6*/＜＜1++*＜85+7-4 3/41/+9＞/9+1＜3+89+27294009/*4＞51+/+5 2＞＜*＜＞2+927663/+7301＞/-21/-4＜//04-+-
实际受票方及纳税人识别号	广州格林电器有限公司 440105664017608		
收货人及纳税人识别号	广州格林电器有限公司 440105664017608	发货人及纳税人识别号	深圳市宏记金刚石工具有限公司 440352215774001
起运地、经由、到达地	深圳-广州公路运输		
费用项目及金额	费用项目：运费　金额：600.00　费用项目　金额	运输货物信息	吸嘴、胶料
合计金额	￥666.00　税率 11%　税额 ￥66.00	机器编号	499000513601
价格合计（大写）	⊗陆佰陆拾陆元整	（小写）	￥666.00
本种车号	车船吨位	备注	
主管税务机关及代码	深南区第二税务所 440310731001		

收款人：　　复核人：　　开票人：赵元　　承运人：（章）

（深圳风顺运输有限公司 440304289780120 发票专用章）

国税函〔2011〕632号上海印钞有限公司

第三联 发票联 受票方记账凭证

表 3-20

3

商业承兑汇票（存根）

出票日期（大写） 年 月 日 汇票号码：0269359

出票人全称		收款人	收款人	
出票人账号			账号或地址	
付款行全称	深圳市工行民生路办		开户银行	

出票金额	人民币（大写）	千	百	十	万	千	百	十	元	角	分

汇票到期日（大写）		付款行	行号	562132
承兑协议编号	8791		地址	深圳市民生路71号
	备注：货款			

此联由出票人查存

10）10日，支付单位及个人社会保险，见表 3-21。

表 3-21

电子缴税系统回单

记账日期 2013.12.10 00898005

付款人	全称	广州格林电器股份有限公司	收款人	全称	广州市地税白云区征收分局
	账号	4895 9104 0031 9191		账号	036001012002081
	开户银行	工商银行广州越秀支行		开户银行	国家金库白云支库

金额	人民币（大写）	亿	千	百	十	万	千	百	十	元	角	分
	陆万贰仟壹佰叁拾贰元整				¥	6	2	1	3	2	0	0

款项内容	代扣（地税）税款	电子税票号：3201001392897747		
纳税人名称	广州格林电器股份有限公司	纳税人编码：4401056640176		
税种	所属期	纳税金额	备注	上列款项已按规定转讫
基本养老保险	20131101—20131130	¥28530.00	单位	
基本养老保险	20131101—20131130	¥12680.00	个人	
工伤保险	20131101—20131130	¥1268.00	单位	
失业保险	20131101—20131130	¥1585.00	单位	（银行盖章）
失业保险	20131101—20131130	¥1585.00	个人	
生育保险	20131101—20131130	¥634.00	单位	
基本医疗保险	20131101—20131130	¥12680.00	单位	清算日期：
基本医疗保险	20131101—20131130	¥3170.00	个人	2010.12.10

（印章：中国工商银行股份有限公司广州越秀支行 2013.12.10 核算用章(04) 王雷）

第二联 交付款单位

打印日期：2010.12.10

11）10日，开出支票，支付上月住房公积金38 040元（其中：个人为19 020元，单位为19 020元），见表3-22。

表3-22

中国建设银行广东省分行住房公积金汇缴

2013年12月10日　　附变更清册　　页　　字第　　号

单位名称	广州格林电器有限公司					汇缴：2013年11月份							
开户行	广东省建行	单位账号	01191146			汇缴：40人							
汇缴金额	人民币（大写）：叁万捌仟零肆拾元整					十	万	千	百	十	元	角	分
						¥	3	8	0	4	0	0	0
上次汇缴		本次增加额		本次减少额		本次汇缴							
人数	金额	人数	金额	人数	金额	人数		金额					
40	¥38 040.00					40		¥38 040.00					
付款行		付款账号		支票号码									
		4895 9104 0031 9191											
						银行盖章							

第一联银行盖章后退单位

（印章：中国建设银行广东省分行 2013.12.10 核算用章(04) 王莉）

12）10日，支付上月水费，见表3-23～表3-25。

表3-23

44010087456　　广东省增值税专用发票　　№ 04293836

发票联

（印章：全国统一发票监制章 国家税务局监制）

开票日期：2013年12月10日

购货单位	名　　称：广州格林电器有限公司 纳税人识别号：440105664017608 地址电话：广州市皇甫大道68号 开户行及账号：工行越秀支行4895 9104 0031 9191			密码区	3<>20-3+8+7<+5-2+487< 加密版本号： 4>+6059/3477626-/-+/8> 23 1<12/5<1++/28220*49/0 3240023220 6>5<24->>3*05/>>92 07881134		
货物或应税劳务名称	规格型号	单位	数量	单价	金额	税率	税额
水			5000	1.00	5000.00	13%	650.00
合　计					5000.00		650.00
价税合计（大写）	⊗伍仟陆佰伍拾元整				（小写）¥5650.00		
销货单位	名　　称：广州市自来水公司 纳税人识别号：440102708258082 地址电话：广州市燕岭路18号 开户行及账号：工行一支行营业室129200033411			备注			

第三联：发票联　购货方记账凭证

（印章：广州市自来水公司 440102708258082 发票专用章）

收款人：王伟　　复核：李山　　开票人：柳艳　　销货单位：（章）

表 3-24

44010087456 **广东省增值税专用发票** № 04293836

抵 扣 联

开票日期：2013 年 12 月 10 日

购货单位	名　　称：广州格林电器有限公司 纳税人识别号：440105664017608 地 址 电 话：广州市皇甫大道 68 号 开户行及账号：工行越秀支行 4895 9104 0031 9191	密码区	3＜＞20-3+8+7＜+5-2+487＜ 加密版本号： 4＞+6059/3477626-/-+/8＞ 23 1＜12/5＜1++/28220*49/0 3240023220 6＞5＜24-＞＞3*05/＞＞92 07881134

货物或应税劳务名称	规格型号	单位	数量	单价	金额	税率	税额
水			5000	1.00	5000.00	13%	650.00
合　计					5000.00		650.00
价税合计（大写）	⊗伍仟陆佰伍拾元整				（小写）￥5650.00		

销货单位	名　　称：广州市自来水公司 纳税人识别号：440102708258082 地 址 电 话：广州市燕岭路 18 号 开户行及账号：工行一支行营业室 129200033411	备注	广州市自来水公司 440102708258082 发票专用章

第二联：抵扣联 购货方扣税凭证

收款人：王伟　　复核：李山　　开票人：柳艳　　销货单位：（章）

表 3-25

中国工商银行　　广东省分行营业部　　批扣借方凭证（回单）

INDUSTRIAL AND COMMERCIAL BANK OF CHINA　　N0:091112005000001561

业务日期　2013 年 12 月 10 日

付款人	全　称	广州格林电器有限公司	收款人	全　称	广州自来水有限公司
	账　号	4895 9104 0031 9191		账　号	3602000129200033411
	开户银行	工行越秀支行		开户银行	一支行营业室

金额	人民币（大写）伍仟陆佰伍拾元整	千	百	十	万	千	百	十	元	角	分
					￥	5	6	5	0	0	0

摘要	水费
备注	

（印章：中国工商银行股份有限公司广州越秀支行 2013.12.10 核算用章(04) 王山）

工行网站：WWW.ICBC.COM.CN　　打印日期：2013 年 12 月 10 日

服务热线电话：95588

13）10 日，支付电费，见表 3-26～表 3-28。

表 3-26

44010034819　　**广东省增值税专用发票**　　№ 12591175

发　票　联

开票日期：2013 年 12 月 10 日

购货单位	名　　称：广州格林电器有限公司 纳税人识别号：440105664017608 地 址 电 话：广州市皇甫大道 68 号 开户行及账号：工行越秀支行 4895 9104 0031 9191	密码区	3＜＞20-3+8+7＜+5-2+487＜加密版本号： 4＞+6059/3477626-/-+/8＞ 23 1＜12/5＜1++/28220*49/0 3240023220 6＞5＜24-＞＞3*05/＞＞92 07881134

货物或应税劳务名称	规格型号	单位	数量	单价	金额	税率	税额
电		度	200000	0.60	120 000.00	17%	20400.00
合　计					120 000.00		20400.00
价税合计（大写）	⊗壹拾肆万零肆佰元整				（小写）￥140400.00		

销货单位	名　　称：**广州市供电公司** 纳税人识别号：440106768691234 地 址 电 话：广州市天河路 78 号 开户行及账号：0012-2245-1978-5467	备注	广州市供电公司 440106768691234 发票专用章

收款人：张丽　　复核：李立　　开票人：王从　　销货单位（章）

第三联：发票联　购货方记账凭证

表 3-27

44010034819　　**广东省增值税专用发票**　　№ 12591175

抵　扣　联

开票日期：2013 年 12 月 10 日

购货单位	名　　称：广州格林电器有限公司 纳税人识别号：440105664017608 地 址 电 话：广州市皇甫大道 68 号 开户行及账号：工行越秀支行 4895 9104 0031 9191	密码区	3＜＞20-3+8+7＜+5-2+487＜加密版本号： 4＞+6059/3477626-/-+/8＞ 23 1＜12/5＜1++/28220*49/0 3240023220 6＞5＜24-＞＞3*05/＞＞92 07881134

货物或应税劳务名称	规格型号	单位	数量	单价	金额	税率	税额
电		度	200000	0.60	120 000.00	17%	20400.00
合　计					120 000.00		20400.00
价税合计（大写）	⊗壹拾肆万零肆佰元整				（小写）￥140400.00		

销货单位	名　　称：**广州市供电公司** 纳税人识别号：440106768691234 地 址 电 话：广州市天河路 78 号 开户行及账号：0012-2245-1978-5467	备注	广州市供电公司 440106768691234 发票专用章

收款人：张丽　　复核：李立　　开票人：王从　　销货单位（章）

第二联：抵扣联　购货方扣税凭证

表 3-28

中国工商银行 广东省分行营业部 批扣借方凭证（回单）

INDUSTRIAL AND COMMERCIAL BANK OF CHINA N0:09111201012101678

业务日期 2013 年 12 月 10 日

付款人	全称	广州格林电器有限公司	收款人	全称	广州市供电公司
	账号	4895 9104 0031 9191		账号	0012-2245-1978-5467
	开户银行	工行越秀支行		开户银行	一支行营业室

金额	人民币（大写）	壹拾肆万零肆佰元整	千	百	十	万	千	百	十	元	角	分
				¥	1	4	0	4	0	0	0	0
摘要	水费											
备注												

工行网站：WWW.ICBC.COM.CN 打印日期：2010 年 12 月 10 日

服务热线电话：95588

14）14 日，向东莞赛克电磁线有限公司购买电线 2000 千克，每千克 50 元；购买转子 2000 个，每个 60 元；购买定子 2000 个，每个 40 元；款未付，材料入库运费按材料买价分配，见表 3-29～表 3-34。

表 3-29

4419074140 **广东省增值税专用发票** № 03567891

发 票 联

开票日期：2013 年 12 月 14 日

购货单位	名称：广州格林电器有限公司 纳税人识别号：440105664017608 地址电话：广州市皇甫大道 68 号 开户行及账号：工行越秀支行 4895 9104 0031 9191			密码区	3<>20-3+8+7<+5-2+487< 加密版本号： 4>+6059/3455411-/-+/8> 12 1<12/5<1++/28220*49/0 3245682110 6>5<24->>3*05/>>92 07881419		
货物或应税劳务名称	规格型号	单位	数量	单价	金额	税率	税额
电线		千克	2000	50.00	100000.00	17%	17000.00
转子		个	2000	60.00	120000.00	17%	20400.00
定子		个	2000	40.00	80000.00	17%	13600.00
合计					312000.00		53040.00
价税合计（大写）	⊗叁拾伍万壹仟元整				（小写）¥351000.00		
销货单位	名称：东莞赛克电磁线有限公司 纳税人识别号：441901284511145 地址电话：东莞市民主路 25 号 开户行及账号：建行东莞市民主路办 580006231015			备注			

收款人：王宏 复核：徐凡 开票人：林枫 销货单位：（章）

第三联：发票联 购货方记账凭证

表 3-30

4419074140 **广东省增值税专用发票** № 03567891

发 票 联

开票日期：2013 年 12 月 14 日

购货单位	名　　称：广州格林电器有限公司 纳税人识别号：440105664017608 地 址 电 话：广州市皇甫大道 68 号 开户行及账号：工行越秀支行 4895 9104 0031 9191				密码区	3＜＞20-3+8+7＜+5-2+487＜ 加密版本号： 4＞+6059/3455411-/-+/8＞ 12 1＜12/5＜1++/28220*49/0 3245682110 6＞5＜24-＞＞3*05/＞＞92 07881419		
货物或应税劳务名称	规格型号	单位	数量	单价		金额	税率	税额
电线		千克	2000	50.00		100000.00	17%	17000.00
转子		个	2000	60.00		120000.00	17%	20400.00
定子		个	2000	40.00		80000.00	17%	13600.00
合　计						312000.00		53040.00
价税合计（大写）	⊗叁拾伍万壹仟元整					（小写）¥351000.00		
销货单位	名　　称：东莞赛克电磁线有限公司 纳税人识别号：441901284511145 地 址 电 话：东莞市民主路 25 号 开户行及账号：建行东莞市民主路办 580006231015				备注	东莞赛克电磁线有限公司 441901284511145 发票专用章		

收款人：王宏　　复核：徐凡　　开票人：林枫　　销货单位：（章）

第二联：抵扣联 购货方扣税凭证

表 3-31

4419041453 **货物运输业增值税专用发票** № 01238605

抵 扣 联

开票日期：2013 年 12 月 14 日

承运人及纳税人识别号	东莞石龙运输有限公司 441904289213654		密码区	028+94686＜7659+/31＜/＞+4/+/＜1/**2*23/6 6*949348530＞642＞＜66＞6*/＜＜1++*＜85+7-4 3/41/+9＞/9+1＜3+89+27294009/*4＞51+/+5 2＞＜*＜＞2+927663/+7301＞/-21/-4＜//04-+-		
实际受票方及纳税人识别号	广州格林电器有限公司 440105664017608					
收货人及纳税人识别号	广州格林电器有限公司 440105664017608		发货人及纳税人识别号	东莞赛克电磁线有限公司 441901284511145		
起运地、经由、到达地	东莞-东莞公路运输					
费用项目及金额	费用项目：运费　金额：600.00	费用项目　金额	运输货物信息	电线、转子、定子		
合计金额	¥666.00	税率 11%	税额 ¥66.00	机器编号	499000513506	
价格合计（大写）	⊗陆佰陆拾陆元整		（小写）¥666.00			
本种车号		车船吨位		备注	东莞石龙运输有限公司 441904289213654 发票专用章	
主管税务机关及代码	石龙税务所 44190423451					

收款人：　　复核人：　　开票人：王兵　　承运人：（章）

国税函〔2011〕632 号上海印钞有限公司

第二联 抵扣联 受票方扣税凭证

表 3-32

4419041453 **货物运输业增值税专用发票** № 01238605

发票联

开票日期：2013 年 12 月 14 日

承运人及 纳税人识别号	东莞石龙运输有限公司 441904289213654	密码区	028+94686＜7659+/31＜/＞+4/+/＜1/**2*23/6 6*949348530＞642＞＜66＞6*/＜＜1++*＜85+7-4 3/41/+9＞/9+1＜3+89+27294009/*4＞51+/+5 2＞＜*＜＞2+927663/+7301＞/-21/-4＜//04-+-
实际受票方及 纳税人识别号	广州格林电器有限公司 440105664017608		
收货人及 纳税人识别号	广州格林电器有限公司 440105664017608	发货人及 纳税人识别号	东莞赛克电磁线有限公司 441901284511145
起运地、经由、到达地	东莞-东莞公路运输		
费用项目及金额	费用项目：运费　金额：600.00　费用项目：　金额：	运输货物信息	电线、转子、定子
合计金额	￥666.00　税率 11%　税额 ￥66.00	机器编号	499000513506
价税合计（大写）	⊗陆佰陆拾陆元整	（小写）	￥666.00
车种车号		车船吨位	
主管税务机关及代码	石龙税务所 44190423451	备注	

收款人：　　复核人：　　开票人：王兵　　承运人：（章）

（印章：东莞石龙运输有限公司 441904289213654 发票专用章）

第三联　发票联　受票方记账凭证

表 3-33

材料运费分配表

2010 年 12 月 14 日

材料名称	材料买价	分配率	分配金额	实际成本	数量	实际单位成本
电线					2000	
转子					2000	
定子					2000	
合　计						

注：分配率保留 4 位小数，小数点尾差由定子负担，实际单位成本保留 2 位小数。

表 3-34

收 料 单

年 月 日 字第 号

来料单位			发票		号		年 月 日收到							
编 号	材料名称	规 格	送验数量	实收数量	单位	单价	金 额							
							十	万	千	百	十	元	角	分
备 注:		验收人盖章				合计￥								

③会计

会计 出纳 复核 记账 制单

15）13 日，收到广州百佳股份有限公司两个月期限的商业汇票一张，偿付上月欠款 200 000 元，见表 3-35。

表 3-35

商业承兑汇票 (卡片)

2 汇票号码

出票日期（大写） 贰零壹叁年壹拾贰月壹拾叁日 第 XI025 号

付款人	全称	广州百佳股份有限公司			收款人	全称	广州格林电器有限公司											
	账号	8628-2235-1159-3231				账号	4895 9104 0031 9191											
	开户银行	工行友谊分行	行号	34256		开户银行	工行越秀支行	行号	43222									
出票金额		人民币（大写）	贰拾万元整				千	百	十	万	千	百	十	元	角	分		
								￥	2	0	0	0	0	0	0	0		
汇票到期日		2013 年 12 月 13 日			交易合同号码													
本汇票已经承兑，到期无条件支付票款					本汇票请予以承兑于到期日付款													
承兑人签章 承兑日期 2013 年 12 月 13 日					出票人签章													

寄付款人 此联持票人开户行随委托收款凭证 开户行作借方凭证附件

16）14日，向广州凯联科技有限公司购入滤纸8000千克，每千克20元，原材料入库，款未付，见表3-36～表3-38。

表3-36

4401012356　　广东省增值税专用发票　　№ 02593812

发　票　联

开票日期：2013年12月14日

购货单位	名　　称：广州格林电器有限公司 纳税人识别号：440105664017608 地 址 电 话：广州市皇甫大道68号 开户行及账号：工行越秀支行 4895 9104 0031 9191	密码区	5<>40-3+8+7<+5-2+127< 加密版本号： 3>+6059/3477611-/-+/9> 57 1<12/5<1++/28220*49/0 3240023191 6>5<24->>3*05/>>92 07881121

货物或应税劳务名称	规格型号	单位	数量	单价	金额	税率	税额
滤纸		千克	8000	20.00	160 000.00	17%	27 200.00
合　计					160 000.00		27 200.00
价税合计（大写）	⊗壹拾捌万柒仟贰佰元整				（小写）¥187200.00		

销货单位	名　　称：广州凯联科技有限公司 纳税人识别号：440104256780980 地 址 电 话：广州市红岭路287号 开户行及账号：建行广州市红岭路办事处	备注	

收款人：潘伟　　复核：刘山　　开票人：李妮　　销货单位：（章）

第三联：发票联　购货方记账凭证

表3-37

4401012356　　广东省增值税专用发票　　№ 02593812

抵　扣　联

日期：2013年12月14日

购货单位	名　　称：广州格林电器有限公司 纳税人识别号：440105664017608 地 址 电 话：广州市皇甫大道68号 开户行及账号：工行越秀支行 4895 9104 0031 9191	密码区	5<>40-3+8+7<+5-2+127< 加密版本号： 3>+6059/3477611-/-+/9> 57 1<12/5<1++/28220*49/0 3240023191 6>5<24->>3*05/>>92 07881121

货物或应税劳务名称	规格型号	单位	数量	单价	金额	税率	税额
滤纸		千克	8000	20.00	160 000.00	17%	27 200.00
合　计					160 000.00		27 200.00
价税合计（大写）	⊗壹拾捌万柒仟贰佰元整				（小写）¥187200.00		

销货单位	名　　称：广州凯联科技有限公司 纳税人识别号：440104256780980 地 址 电 话：广州市红岭路287号 开户行及账号：建行广州市红岭路办事处	备注	

收款人：潘伟　　复核：刘山　　开票人：李妮　　销货单位：（章）

第二联：抵扣联　购货方扣税凭证

表 3-38

收　料　单

年　月　日　　　　　　字第　　号

来料单位		发票		号			年	月	日收到					
编号	材料名称	规格	送验数量	实收数量	单位	单价	金额							
							十	万	千	百	十	元	角	分
备注：		验收人盖章				合计￥								

③会计

会计　　出纳　　复核　　记账　　制单

17）12 月 18 日，支付职工培训费 3000 元（支票），见表 3-39。

表 3-39

广东省地方税收通用发票（电子）

发票联

电子发票　手写无效

发票代码　244011204

开票日期：2013-12-18 15：20：30　　行业类别：文化业　　发票号码　06754987

付款方名称：广州格林电器有限公司

付款方识别号：

收款方名称：广东省财政职业技术学院

收款方识别号：440111455860099

防伪码：09882112439214462573083

主管税务机关：广州市白云区地方税务局太和税务所

序号	开票项目说明	金额（元）	备注
1	培训费	3000.00	

合计（大写）：人民币叁仟圆整　　合计（小写）：￥3000.00

附注：

本发票可在开票后 30 天内通过网站、手机、短信等 6 种补录登记方式，参与“南粤金税”发票抽奖，详情请登录广东地税网站。（广东地税）

发票联　付款方付款凭证

No.1104001-47642302　　开票人：林辉　　开票单位盖章：

广东省财政职业技术学院　440111455860099　发票专用章

18）18 日，向深圳玛利电器有限公司销售产品：A 型吸尘器 2000 台，B 型吸尘器 2000 台，见表 3-40～表 3-43。

表 3-40

44030091140　　**广东省增值税专用发票**　　№ 02447647

开票日期：2013 年 12 月 18 日

此联不作报销、扣税凭证使用

购货单位	名　　称：深圳玛利电器有限公司 纳税人识别号：440301527419217 地 址 电 话：深圳市中华路 205 号 开户行及账号：工行中华路办 0492-9837-4271				密码区	3<>20-3+8+7<+5-2+487<加密版本号： 4>+2303/3492347-/-+/8>　14 1<12/5<1++/67341*49/0　63782190 6>5<24->>3*05/>>92　07882341		
货物或应税劳务名称	规格型号	单位	数量	单价	金额		税率	税额
A 型吸尘器		台	2000	400.00	800 000.00		17%	136 000.00
B 型吸尘器		台	2000	300.00	600 000.00		17%	102 000.00
合计					1 400 000.00			238 000.00
价税合计（大写）	⊗壹佰陆拾叁万捌仟元整					（小写）¥1638000.00		
销货单位	名　　称：广州格林电器有限公司 纳税人识别号：440105664017608 地 址 电 话：广州市皇甫大道 68 号 开户行及账号：工行越秀支行 4895 9104 0031 9191				备注			

收款人：李华　　复核：李力　　开票人：黄琳　　销货单位（章）

第一联：记账联　销货方记账凭证

表 3-41

出　库　单

提货部门：　　　　年　　月　　日　　　　No.0067148

产品			单位	数量	单价	成本总额							产品明细账		说明
编号	名称	规格				万	千	百	十	元	角	分	页	号	

部门主管　　会计　　记账　　保管　　提货人　　制单

第三联：记账

表 3-42

现金支出凭单

第 1 号

附件 1 张	2013 年 12 月 18 日	对方科目编号	

用款事项：代垫运费			
人民币（大写）：伍佰元整 ￥500.00			
收款人 黄琳（签章）	主管人员：李力（签章）	会计人员：黄琳（签章）	出纳员收讫：李华（签章）

表 3-43

托收凭证（受理回单） 1

委托日期 年 月 日

<table>
<tr><td colspan="2">业务类型</td><td colspan="2">委托收款（□邮划 □电划）</td><td colspan="11">托收承付（□邮划 □电划）</td></tr>
<tr><td rowspan="3">付款人</td><td>全 称</td><td colspan="2"></td><td rowspan="3">收款人</td><td>全 称</td><td colspan="9"></td></tr>
<tr><td>账 号</td><td colspan="2"></td><td>账 号</td><td colspan="9"></td></tr>
<tr><td>开户银行</td><td colspan="2"></td><td>开户银行</td><td colspan="9"></td></tr>
<tr><td rowspan="2">托收金额</td><td colspan="4" rowspan="2">人民币（大写）</td><td>千</td><td>百</td><td>十</td><td>万</td><td>千</td><td>百</td><td>十</td><td>元</td><td>角</td><td>分</td></tr>
<tr><td></td><td></td><td></td><td></td><td></td><td></td><td></td><td></td><td></td><td></td></tr>
<tr><td colspan="2">款项内容</td><td>货款</td><td>托收凭据名称</td><td>托收承付</td><td colspan="2">附寄单证张数</td><td colspan="8">3 张</td></tr>
<tr><td colspan="2">商品发运情况</td><td colspan="2">已发运</td><td>合同名称号码</td><td colspan="10">8191</td></tr>
<tr><td colspan="3">备注：
复核 记账</td><td colspan="3">款项收妥日期
年 月 日</td><td colspan="9">收款单位开户银行盖章
年 月 日</td></tr>
</table>

19）20日，收到18日销售给深圳玛利电器有限公司货款1 638 500元，见表3-44。

表3-44

托收凭证（汇款依据或收款通知）4

委托日期 2013年12月18日 付款期限 2010年12月20日

业务类型	委托收款（□邮划 □电划）		托收承付（□邮划 □电划）		
付款人	全称	深圳玛利电器有限公司	收款人	全称	广州格林电器有限公司
	账号	0492-9837-4271-1213		账号	4895 9104 0031 9191
	开户银行	深圳工行中华路办		开户银行	广州工行越秀支行

托收金额	人民币（大写）壹佰陆拾叁万捌仟伍佰元整	千	百	十	万	千	百	十	元	角	分
		¥	1	6	3	8	5	0	0	0	0

款项内容	货款	托收凭据名称	托收承付	附寄单证张数	3张
商品发运情况	已发运		合同名称号码	1581	
备注： 复核 记账		上列款项已划回收入你方账户内 收款人开户银行签章 年 月 日		中国工商银行股份有限公司广州越秀支行 2013.12.10 核算用章(04) 王山	

20）23日，销售产品给湛江万和商贸集团，收商业承兑汇票（期限3个月，面值1 193 400元）。胶件X2000件，每件80元；胶件Y2000件，每件50元；马达2000台，每台300元；滤纸袋4000个，每个20元；滤筒4000个，每个20元，见表3-45～表3-47。

表3-45

4401091140 广东省增值税专用发票 № 02447648

（全国统一发票监制章 国家税务局监制）

此联不作报销、扣税凭证使用 开票日期：2013年12月23日

购货单位	名称：湛江万和商贸集团 纳税人识别号：440803764812531 地址电话：湛江市民生路71号 开户行及账号：工行民生路办 5012-5361-2517	密码区	3<>20-3+8+7<+5-2+487< 加密版本号： 4>+2303/3492347-/-+/8> 14 1<12/5<1++/67341*49/0 63782190 6>5<24->>3*05/>>92 07882341

货物或应税劳务名称	规格型号	单位	数量	单价	金额	税率	税额
胶件X		件	2000	80	160 000.00	17%	27 200.00
胶件Y		件	2000	50	100 000.00	17%	17 000.00
马达		台	2000	300	600 000.00	17%	102 000.00
滤纸袋		个	4000	20	80 000.00	17%	13 600.00
滤筒		个	4000	20	80 000.00	17%	13 600.00
合计					1 020 000.00		173 400.00
价税合计（大写）	⊗壹佰壹拾玖万叁仟肆佰元整				（小写）¥1193400.00		

销货单位	名称：广州格林电器有限公司 纳税人识别号：440105664017608 地址电话：广州市皇甫大道68号 开户行及账号：工行越秀支行 4895 9104 0031 9191	备注	

第一联：记账联 销货方记账凭证

收款人：李华 复核：李力 开票人：黄琳 销货单位（章）

表 3-46

出 库 单

提货部门： 年 月 日 No. 0067149

产品			单位	数量	单价	成本总额							产品明细账		说明
编号	名称	规格				万	千	百	十	元	角	分	页	号	

第一联：记账

部门主管 会计 记账 保管 提货人 制单

表 3-47

商业承兑汇票（存 根） 3

出票日期（大写） 贰零壹叁年壹拾贰月贰拾叁日 汇票号码：0269359

出票人全称	湛江万和商贸集团	收款人	收款人	广州格林电器有限公司
出票人账号	5012-5361-2517		账号或地址	4895 9104 0031 9191
付款行全称	湛江市工行民生路办		开户银行	广州工行越秀支行

出票金额	人民币（大写）	壹佰壹拾玖万叁仟肆佰元整	千	百	十	万	千	百	十	元	角	分
			¥	1	1	9	3	4	0	0	0	0

汇票到期日（大写）	贰零壹叁年零贰月贰拾叁日	付款行	行号	562132
承兑协议编号			地址	湛江市民生路71号
	备注：货款			

此联由出票人查存

21）26 日将湛江万和商贸集团商业承兑汇票贴现，见表 3-48。

表 3-48

贴现凭证（收账通知）　4

申请日期　2013 年 12 月 26 日　　NO. 32787

贴现汇票	种　类	商业汇票					申请人	全　称	广州格林电器有限公司									
	发票日	2010年12月23日						账　号	4895 9104 0031 9191									
	到期日	2010年12月26日						开户银行	广州工行越秀支行									
汇票承兑人（或银行）名称		湛江万和商贸集团	账号	5012-5361-2517				开户银行	湛江市工行民生路办									
汇票金额（即贴现金额）		人民币（大写）	壹佰壹拾玖万叁仟肆佰元整						百	十	万	千	百	十	元	角	分	
									1	1	9	3	4	0	0	0	0	
月贴现率	9‰	贴现利息	百 十 万 千 百 十 元 角 分					实付贴现金额	百	十	万	千	百	十	元	角	分	
			￥ 1 0 7 4 0 6						1	1	9	2	3	2	5	9	4	
上述款项已划入你单位账户 2010 年 12 月 26 日								备注：贴现后，银行不附追索权。										

此联是银行给贴现申请人的收账通知

22）30 日，向广州科隆有限公司销售胶件 X 2100 件，每件 80 元；胶件 Y 2100 件，每件 50 元；马达 2500 台，每台 300 元；滤纸袋 2000 个，每个 20 元；滤筒 2000 个，每个 20 元；款未收，见表 3-49 和表 3-50。

表 3-49

4401091140　　**广东省增值税专用发票**　　№ 02447649

开票日期：2013 年 12 月 30 日

此联不作报销、扣税凭证使用

购货单位	名　称：广州科隆有限公司 纳税人识别号：440102708345671 地 址 电 话：广州中山路 259 号 开户行及账号：工行中山路办 0015-1188-82331133			密码区	3<>20-3+8+7<+5-2+487<加密版本号： 4>+2303/3492347-/-+/8>　14 1<12/5<1++/67341*49/0　63782190 6>5<24->>3*05/>>92　07882341		
货物或应税劳务名称	规格型号	单位	数量	单价	金额	税率	税额
胶件 X		件	2100	80	168 000.00	17%	28 560.00
胶件 Y		件	2100	50	105 000.00	17%	17 850.00
马达		台	2500	300	750 000.00	17%	127 500.00
滤纸袋		个	2000	20	40 000.00	17%	6 800.00
滤筒		个	2000	20	40 000.00	17%	6 800.00
合　计					1 103 000.00		187 510.00
价税合计（大写）	⊗壹佰贰拾玖万零伍佰壹拾元整				（小写）￥1290510.00		
销货单位	名　称：广州格林电器有限公司 纳税人识别号：440105664017608 地 址 电 话：广州市皇甫大道 68 号 开户行及账号：工行越秀支行 4895 9104 0031 9191			备注			

第一联：记账联　销货方记账凭证

收款人：李华　　复核：李力　　开票人：黄琳　　销货单位（章）

表 3-50

出 库 单

提货部门：　　　　　　　　　　　年　　月　　日　　　　　　　　　　No. 0067147

产品			单位	数量	单价	成本总额							产品明细账		说明
编号	名称	规格				万	千	百	十	元	角	分	页	号	

第一联：记账

部门主管　　　　会计　　　　记账　　　　保管　　　　提货人　　　　制单

23）30 日，收到珠海美林电器有限公司欠款 30 000 元（原已确定为坏账），见表 3-51。

表 3-51

中国工商银行　电汇凭证（收款通知）　3

委托日期　2013 年 12 月 30 日　　　　　　　　第 0955671 号

付款人	全　称	珠海美林电器有限公司	收款人	全　称	广州格林电器有限公司
	账　号	0492-9837-4271		账　号	4895 9104 0031 9191
	汇出地点	深圳市中华路 100 号		汇入地点	广州
汇出行名称		工行中华路办	汇入行名称		工行越秀支行

金额	人民币（大写）	叁万元整	亿	千	百	十	万	千	百	十	元	角	分
						¥	3	0	0	0	0	0	0

汇款用途：还货款	支付密码
上列款项请在本人的账户内支付，并按照汇兑结算规定汇给收款人。 汇款人签章	附加信息及用途： 复核　　　　记账

（印章：中国工商银行股份有限公司广州越秀支行 2013.12.30 核算用章(04) 王山）

此联是汇出银行给汇款单位的回单

24）31 日月末分配水费。按本月各部门使用数量分配水费，见表 3-52 和表 3-53。

表 3-52

水费分配表

2013 年 12 月 31 日

应借科目		成本或费用项目	数量/立方米	单价/元每立方米	金额/元
基本生产成本	注塑车间	直接材料	3000		3000
	马达车间	直接材料	900		900
	滤纸车间	直接材料	1200		1200
	装配车间	直接材料	600		600
	小计		5700	1.00	5700
辅助生产成本（机修）		水费	90		90
管理费用		水费	150		150
销售费用		水费	60		60
小计			300		300
合计			6000	1.00	6000

制表：　　　　　　　　　　　　审核：

表 3-53

基本生产车间生产用水分配表

2013 年 12 月 31 日

部门（产品）	分配比例	分配金额/元
注塑车间：		
胶件 X	60%	
胶件 Y	40%	
马达车间：马达	100%	
滤纸车间：		
滤纸袋	50%	
滤筒	50%	
装配车间：		
吸尘器 A	60%	
吸尘器 B	40%	

制表：　　　　　　　　　　　　审核：

25）月末，按用电量分配电费，见表3-54和表3-55。

表3-54

外购动力费用分配表

2013年12月31日

使用部门		成本或费用项目	动力用电/度	照明用电/度	单价/元每度	金额/元
基本生产车间	注塑车间	直接材料	50000			30000
		电费		1000		600
	马达车间	直接材料	70000			42000
		电费		1500		900
	滤纸车间	直接材料	65000			39000
		电费		1000		600
	装配车间	直接材料	40000			24000
		电费		1200		720
	小计		225000	4700	0.60	137820
辅助生产车间		电费	3000			1800
管理费用		电费	1500			900
销售费用		电费	1500			900
		小计	6000			3600
合计			235700		0.60	141420

制表：　　　　　　　　　　审核：

表3-55

基本生产车间动力用电分配表

2013年12月31日

部门（产品）	分配比例	分配金额/元
注塑车间：		
胶件X	60%	
胶件Y	40%	
马达车间：马达	100%	
滤纸车间：		
滤纸袋	50%	
滤筒	50%	
装配车间：		
吸尘器A	60%	
吸尘器B	40%	

制表：　　　　　　　　　　审核：

26）31 日，应收广州康佳有限公司的货款 50 000 元确定为坏账，其申请书如下。

申 请 书

单位领导：

原应收广州康佳有限公司的货款 50 000 元，经查询，该公司已经倒闭，货款无法收回，特申请为坏账，请批准。

申请人：财务科会计　黄琳

审批：　财务主管　　李力

审批：付强

2013.12.31

27）31 日，按年末应收账款的 10%计提坏账准备，见表 3-56。

表 3-56

坏账准备计算表

2013 年 12 月 31 日

项　　目	金　　额	备　　注
期末应收账款余额		
期初坏账准备余额（贷方）		
本期发生坏账 本期收回坏账 计提比例（10%） 期末坏账准备余额 本期应提坏账准备		

制表：　　　　　　　　　　　　审核：

第4章 职工薪酬岗位实训

实训四（Ⅰ）职工薪酬的计算

一、实训目的

1）了解工资会计岗位的职责。

2）了解企业职工薪酬计划、职工薪酬管理制度和核算的程序。

3）掌握职工的养老保险、医疗保险、失业保险、住房公积金及个人所得税的计算。

4）掌握企业负担的“五险一金”（养老保险、医疗保险、失业保险、生育保险、工伤保险、住房公积金）的计算。

5）掌握个人计件工资、集体计件工资的计算；掌握计时工资的计算；掌握病假工资、节假日工资的计算。

6）掌握工资结算表、工资分配表的编制。

二、实训要求

1）日工资按每月平均21.75天计算。

2）职工的个人所得税由企业代扣代缴。

3）每月职工的养老保险、医疗保险、失业保险等社会保险属于职工个人自负部分从当月工资中扣减。

4）夜班津贴每晚10元。

5）编制深圳市红雨服饰有限公司2013年10月份工资结算表及工资结算汇总表（见表4-1）。（假设病假扣款比例为：不满五年55%，满五年不满十年50%，满十年不满二十年45%，满二十年及以上40%）。

6）实训用纸：记账凭证20张。

三、实训资料

深圳市红雨服饰有限公司 2013 年 10 月有关工资业务情况见表 4-1。

表 4-1

深圳市红雨服饰有限公司十月份考勤、产量汇总表

部门或姓名	月标准工资/元	日工资/元	工龄/年	考勤（天）								奖金/元	产量（件）	
				事假	病假	婚假	产假	丧假	休息日加班	节日加班	夜班		男服	女服
基本生产车间管理人员														
1 李明	4350	200	9		1			5		1	3	1000		
2 王因	3045	140	7	3	2	10			2		6	700		
基本生产车间生产工人														
3 李琳	2392.5	110	8									400	220	150
4 张华	2175	100	4									300	200	130
5 王民	1957.5	90	7									300	190	170
6 刘霞	1957.5	90	6									300	195	80
7 黄方	1740	80	5				21							
8 陈基	1740	80	2	2	1				1	1	2	200		
行政部门														
1 刘强	5437.5	250	20	1	1				3			1200		
2 王荣	4350	200	6	4	1				1	1		500		
合计														

注：李琳、张华、王民、刘霞所在岗位实行按产量计算计件工资。

1）根据工人计件产量计算个人工资，见表 4-2。

表 4-2

计件工资计算表

年　　月　　　　单位：元

姓　名	男西服（计件单价 22 元/件）		女西服（计件单价 12 元/件）		计件工资/元
	产量/件	金额/元	产量/件	金额/元	
李琳					
张华					
王民					
刘霞					
合计					

2）根据加班天数、夜班天数计算加班工资和夜班津贴，见表 4-3。

表 4-3

加班工资、津贴计算表

年　　月　　　　单位：元

部门、姓名	日工资	休息加班工资（200%）		法定节日加班工资（300%）		夜班津贴（10 元/晚）	
		天数	金额/元	天数	金额/元	天数	金额/元
基本生产车间管理人员							
1 李明							
2 王因							
基本生产车间生产工人							
3 李琳							
4 张华							
5 王民							
6 刘霞							
7 黄方							
8 陈基							
行政部门							
1 刘强							
2 王荣							
合计							

注：其中李琳、张华、王民、刘霞所在岗位实行按产量计算计件工资。

3）计算10月份应付工资。根据表4-1～表4-3资料填入工资结算表（表4-4和表4-5），计算每人的应付工资。

表4-4

工资结算表

部门：基本生产车间　　　　　　　　　　年　　月　　　　　　　　　　单位：元

姓名编号	日工资率	月标准工资额	应扣工资				奖金	夜班津贴	加班工资		应付工资	代扣款项					实发工资	领款人签名
			事假		病假				休息日工资	法定节日工资		养老保险	失业保险	医疗保险	住房公积金	个人所得税		
			天数	金额	天数	金额												
1 李明																		
2 王因																		
小计																		
3 李琳																		
4 张华																		
5 王民																		
6 刘霞																		
7 黄方																		
8 陈基																		
小计																		
合计																		

注：李琳、张华、王民、刘霞按计件工资填月标准工资额。

表 4-5

工资结算表

部门：行政管理部门　　　　　　　　　　年　　月　　　　　　　　　　单位：元

姓名编号	日工资率	月标准工资额	应扣工资				奖金	夜班津贴	加班工资		应付工资	代扣款项					实发工资	领款人签名
			事假		病假				休息日工资	法定节日工资		养老保险	失业保险	医疗保险	住房公积金	个人所得税		
			天数	金额	天数	金额												
1 刘强																		
2 王荣																		
合计																		

4）计算个人及单位负担的社会保险（假设公司确定刘强的月社保缴费工资为 5000 元，王荣、李明、王因为 3000 元，其他职工为 2800 元），见表 4-6 和表 4-7。

表 4-6

个人自负社会保险费计算表

年　　月　　　　　　　　　　单位：元

姓　　名	月缴费工资	养老保险/8%	医疗保险/2%	失业保险/1%
基本生产车间				
1 李明				
2 王因				
小计				
3 李琳				
4 张华				
5 王民				
6 刘霞				

续表

姓　名	月缴费工资	养老保险/8%	医疗保险/2%	失业保险/1%
7 黄方				
8 陈基				
小计				
行政部门				
1 刘强				
2 王荣				
小计				
合计				

表 4-7

单位负担的社会保险费计算表

年　　月　　　　　　　　　　单位：元

姓　名	月缴费工资	养老保险/12%	医疗保险/8%	失业保险/2%	工伤保险金/0.5%	生育保险金/0.85%
基本生产车间						
1 李明						
2 王因						
小计						
3 李琳						
4 张华						
5 王民						
6 刘霞						
7 黄方						
8 陈基						
小计						
行政部门						
1 刘强						
2 王荣						
小计						
合计						

5）计算单位、个人负担的住房公积金（假设以上表“月缴费基数”为计提基数），见表 4-8。

表 4-8

单位、个人自负住房公积金计算表

年　　月　　　　单位：元

姓　　名	计提基数	单位住房公积金/12%	个人住房公积金/12%
基本生产车间			
1 李明			
2 王因			
小计			
3 李琳			
4 张华			
5 王民			
6 刘霞			
7 黄方			
小计			
行政部门			
1 刘强			
2 王荣			
小计			
合计			

6）计算 10 月份代扣个人所得税（减除费用标准按照 3500 元/月执行），见表 4-9 和表 4-10。

表 4-9

个人所得税率表（工资、薪金所得适用）

级　数	全月应纳税所得额	税率/%	速算扣除数
1	不超过 1500 元	3	0
2	额超过 1500 元至 4500 元	10	105
3	超过 4500 元至 9000 元	20	555
4	超过 9000 元至 35000 元	25	1005
5	超过 35000 元至 55000 元	30	2755
6	超过 55000 元至 80000 元	35	5505
7	超过 80000 元	45	13505

表 4-10

个人所得税计算表

年　　月　　　　　　　　　　　　　　　　单位：元

姓　　名	应付工资	扣除数额					应税工资	税率/%	速算扣除	应纳税款
		定额费用	养老保险	医疗保险	失业保险	住房公积金				
基本生产车间										
1 李明										
2 王因										
小计										
3 李琳										
4 张华										
5 王民										
6 刘霞										
7 黄方										
小计										
行政部门										
1 刘强										
2 王荣										
小计										
合计										

7）编制公司 10 月份《工资结算表》，根据前面表格资料填入工资结算表（表 4-4 和表 4-5），计算出个人的实发工资。

8）根据《工资结算表》编制公司 10 月份工资结算汇总表，见表 4-11。

表 4-11

工资结算汇总表

年　　月　　　　　　　　　　　　　　　　单位：元

部门及车间		计时工资	计件工资	应扣工资				奖金	夜班津贴	加班工资		应付工资	代扣款项					实发工资
				事假		病假				休息日加班	法定节日加班		养老保险	医疗保险	失业保险	住房公积金	个人所得税	
				天数	金额	天数	金额											
生产车间	生产工人																	
	管理人员																	
行政管理部门																		
合计																		

实训四（2）职工薪酬的计算及会计处理

一、实训目的

1）掌握工资分配汇总表的编制。

2）掌握工资结算及工资的分配、单位负担的“五险一金”、职工福利费、工会经费、职工教育费计提和使用的账务处理。

3）掌握上缴代扣个人所得税、上交社会保险费的账务处理。

二、实训要求

1）从基本账户中提取现金发放工资。

2）计提工资附加费。

① 职工福利费：按应付职工薪酬总额的5%提取开支。

② 工会经费：按应付职工薪酬总额的2%计提。

③ 职工教育经费：按应付职工薪酬总额的2.5%计提。

3）职工社会保险费由广州市地方税务局从基本账户全额扣交。

4）职工个人所得税由企业代扣代缴。

5）根据发生的经济业务填制记账凭证。

三、实训资料（2010年）

1）10月7日，广州格林电器有限公司开出转账支票，将各职工的实发工资转入其银行工资存折。（见P119后面的实训四（2）表1）。

2）10月7日代扣个人社会保险、住房公积金及个人所得税。（见P119后面的实训四（2）表1、表2）。

3）10 月 9 日缴交上月个人所得税见表 4-12。

表 4-12

电子缴税系统回单

记账日期 2013.10.09 00898005

付款人	全称	广州格林电器有限公司	收款人	全称	广州市地税白云区征收分局
	账号	4895910400319191		账号	036001012002081
	开户银行	工商银行广州越秀支行		开户银行	国家金库白云支库
金额	人民币（大写）	肆仟元整		亿千百十万千百十元角分	¥400000
款项内容		代扣（地税）税款	电子税票号：3201001392897747		
纳税人名称		广州格林电器有限公司	纳税人编码：4401056640176		
税种		所属期	纳税金额	备注	上列款项已按规定转讫（银行盖章）清算日期：2010.10.09
个人所得税		20130901—20130930	¥4000.00	地税	

打印日期：2013.10.09

第二联 交付款单位

4）10 月 10 日上交单位及个人社会保险费 62 132 元，见表 4-13。

表 4-13

电子缴税系统回单

记账日期 2013.10.10 00898005

付款人	全称	广州格林电器有限公司	收款人	全称	广州市地税白云区征收分局
	账号	4895 9104 0031 9191		账号	036001012002081
	开户银行	工商银行广州越秀支行		开户银行	国家金库白云支库
金额	人民币（大写）	陆万贰仟壹佰叁拾贰元整		亿千百十万千百十元角分	¥6213200
款项内容		代扣（地税）税款	电子税票号：3201001392897747		
纳税人名称		广州格林电器有限公司	纳税人编码：4401056640176		
税种		所属期	纳税金额	备注	上列款项已按规定转讫（银行盖章）清算日期：2010.10.10
基本养老保险		20131001—20131031	¥28530.00	单位	
基本养老保险		20131001—20131031	¥12680.00	个人	
工伤保险		20131001—20131031	¥1268.00	单位	
失业保险		20131001—20131031	¥1585.00	单位	
失业保险		20131001—20131031	¥1585.00	个人	
生育保险		20131001—20131031	¥634.00	单位	
基本医疗保险		20131001—20131031	¥12680.00	单位	
基本医疗保险		20131001—20131031	¥3170.00	个人	

打印日期：2013.10.10

第二联 交付款单位

5）10日，开出支票，支付上月住房公积金38 040元，见表4-14。

表4-14

中国建设银行广东省分行住房公积金汇缴

2013年10月10日　　附变更清册　　页　　字第　　号

单位名称	广州格林电器有限公司			汇缴：2010年10月份							
开户行	广东省建行	单位账号	01191146	汇缴：40人							
汇缴金额	人民币（大写）：叁万捌仟零肆拾元整			十	万	千	百	十	元	角	分
				¥·	3	8	0	4	0	0	0

上次汇缴		本次增加额		本次减少额		本次汇缴	
人数	金额	人数	金额	人数	金额	人数	金额
40	¥38040.00					40	¥38040.00
付款行		付款账号		支票号码			
		4895 9104 0031 9191					
						银行盖章	

中国工商银行股份有限公司广州越秀支行 2013.10.10 核算用章(04) 王山

第一联银行盖章后退单位

6）12日，付上月工会经费，见表4-15。

表4-15

工会经费拨缴款专用收据

粤财1003051　　No20483561

交款单位	广州格林电器有限公司	
交款项目	2010年09月（时间）	工会经费
交款金额	人民币（大写）壹仟柒佰零拾零元零角零分	
	¥1700.00元	
收款单位（公章）＿＿＿＿	收款人　冯丽（盖章）＿＿＿＿	
		2013年10月12日

广东省总工会 发票专用章

发票联　付款方付款凭证

7）18 日以现金支付工伤就医路费及医药费，见表 4-16～表 4-19。

表 4-16

现金支出凭单

第　　号

附件 3 张	2013 年 10 月 18 日		对方科目编号	
用款事项：报销工伤就医费用				
人民币（大写）	：陆佰肆拾肆元整　　¥644.00			
收款人 刘星（签章）	主管人员 李力（签章）	会计人员 黄琳（签章）	出纳员付讫 李华（签章）	

表 4-17

广州市医疗机构门诊收费收据

TT348S3177

系列号：外科门诊　　2013/10/18　11：30

姓名：刘星		结算方式：现金					
药品项目	金额	医疗项目		金额	医疗项目		金额
西药	390	诊查费		20	治疗费		
中成药		急诊留观床位费			其中	输血费	
中草药		检查费		210		输氧费	
超标药		其中	CT				
自费药			MRL		手术费		
			高速 CT		其他		
					特需服务		
		检验费			挂号费		
合计人民币（大写）：陆佰贰拾元整　¥620.00							
医保/公医记账金额：　总计				个人缴费金额：620.00			

第一联 交缴款人

（印章：广州市人民医院 财务专用章）

收费单位（盖章）：广州市人民医院　　审核员：EF21503490 收费员：52 （0759121）

广州市财政局印制

表 4-18

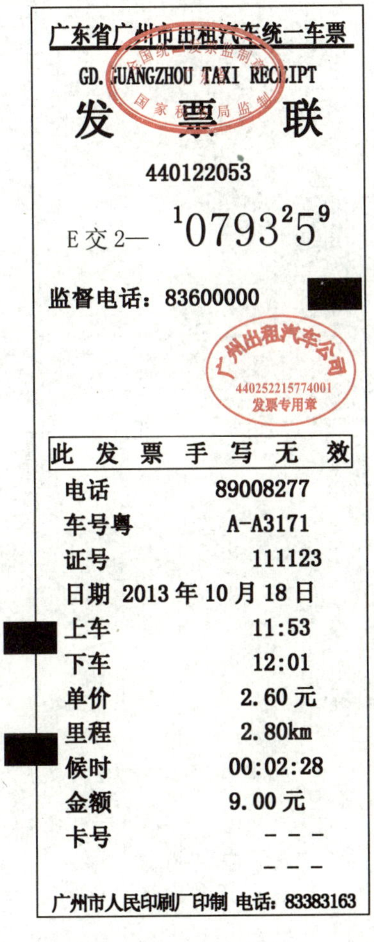
广东省广州市出租汽车统一车票
GD. GUANGZHOU TAXI RECEIPT
发 票 联
440122053
E交2— 1079325 9
监督电话：83600000
广州出租汽车公司 440252215774001 发票专用章
此发票手写无效

电话	89008277
车号粤	A-A3171
证号	111123
日期	2013年10月18日
上车	11:53
下车	12:01
单价	2.60元
里程	2.80km
候时	00:02:28
金额	9.00元
卡号	---

广州市人民印刷厂印制 电话：83383163

表 4-19

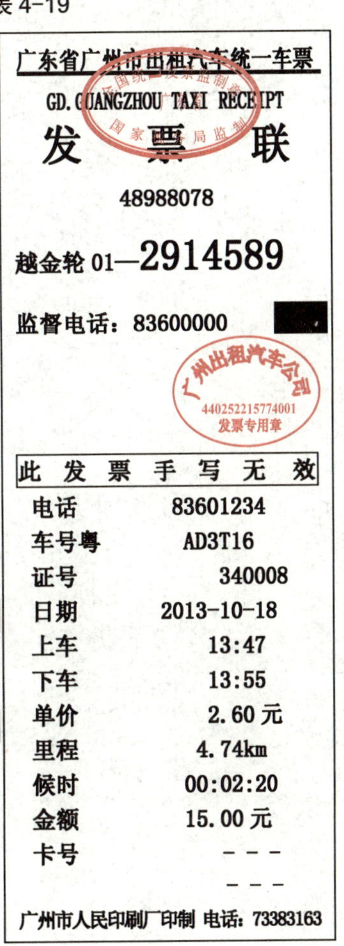
广东省广州市出租汽车统一车票
GD. GUANGZHOU TAXI RECEIPT
发 票 联
48988078
越金轮01—2914589
监督电话：83600000
广州出租汽车公司 440252215774001 发票专用章
此发票手写无效

电话	83601234
车号粤	AD3T16
证号	340008
日期	2013-10-18
上车	13:47
下车	13:55
单价	2.60元
里程	4.74km
候时	00:02:20
金额	15.00元
卡号	---

广州市人民印刷厂印制 电话：73383163

8）20日以现金支付慰问工伤职工礼物，见表4-20和表4-21。

表4-20

现 金 支 出 凭 单　　　　第　　号

附件 1 张	2013年10月20日		对方科目编号	
用款事项：报销慰问工伤职工费用				
人民币（大写）	：肆佰伍拾元整　¥450.00			
收款人 龙敏（签章）	主管人员 李力（签章）	会计人员 黄琳（签章）	出纳员付讫 李华（签章）	

表4-21

国税　广州市好又多（广源）百货商业广场有限公司销售发票　　发票代码 166110287861

发票号码 00123998

发 票 联

交易序号：538

收银员/机：057

客户编号：

客户名称：广州格林电器有限公司　　日期/时间：2013/10/18 15:00

品名规格	单位	数量	含税单价	含税总价	备注
食品	袋	1	450.00	450.00	
合计人民币（大写）（超佰万元无效）	⊗肆佰伍拾元整			¥450.00	
制票：9021	记账：	复核：	收款：	发票专用章：	
商场地址及电话：广州市广源新村景泰直街83号		邮编：510405		Tel：86382121	

第二联：发票联

（印章：全国统一发票监制章 广州市地方税务局监制；广州市好又多股份有限公司 440174678419138 发票专用章）

9）31日分配工资基本生产车间生产工人工资见P119后面的实训四（2）表1，即工资结算汇总表，见表4-22。

表 4-22

工资费用分配表

2013 年 10 月 31 日

部　　门	应 付 工 资	备　　注
基本生产车间生产工人：		
注塑车间		
马达车间		
滤纸车间		
装配车间		
基本生产车间管理人员：		
注塑车间	4650	
马达车间	4215	
滤纸车间	4215	
装配车间	4215	
辅助生产车间人员	9300	
行政管理部门人员	38497.5	
销售部门人员	10995	
合计	169782.5	

制表：　　　　　　　　　　　　　　　　　审核：

10）31 日计提职工福利费，见表 4-23。

表 4-23

职工福利费计算表

年　　月　　　　　　　　单位：元

部　　门	应 付 工 资	职工福利费（5%）
基本生产车间生产工人：		
注塑车间	25282.5	
马达车间	19832.5	
滤纸车间	20820	
装配车间	27760	
基本生产车间管理人员：		
注塑车间	4650	
马达车间	4215	
滤纸车间	4215	
装配车间	4215	
辅助生产车间人员	9300	
行政管理部门人员	38497.5	
销售部门人员	10995	
合计	169782.5	

制表：　　　　　　　　　　　　　　　　　审核：

11）单位负担的社会保险费及住房公积金基本生产车间生产工人的“五险一金”参考 P119 后面的实训四（2）表 2“单位负担的社会保险费及住房公积金计算表”和表 4-24。

表 4-24

单位负担的社会保险费及住房公积金分配表

2013 年 10 月 31 日

部　　门	“五险”金额	住房公积金	合　　计
基本生产车间生产工人：			
注塑车间			
马达车间			
滤纸车间			
装配车间			
基本生产车间管理人员：			
注塑车间	1269	540	1809
马达车间	1184.4	504	1688.4
滤纸车间	1184.4	504	1688.4
装配车间	1184.4	504	1688.4
辅助生产车间人员	2538	1080	3618
行政管理部门人员	10518.6	4476	14994.6
销售部门人员	2707.2	1152	3859.2
合计	44697	19020	63717

制表：　　　　　　　　　　　　　　　　　　　　审核：

12）31 日分别按应付工资的 2%和 2.5%计提工会经费和职工教育经费，见表 4-25。

表 4-25

工会、职工教育经费计算分配表

2013 年 10 月 31 日

部　　门	应付工资	工会经费计提比例（2%）	职工教育经费计提比例（2.5%）	合　　计
基本生产车间生产工人：				
注塑车间	25282.5			
马达车间	19832.5			
滤纸车间	20820			
装配车间	27760			
基本生产车间管理人员：				
注塑车间	4650			
马达车间	4215			
滤纸车间	4215			
装配车间	4215			
辅助生产车间人员	9300			
行政管理部门人员	38497.5			
销售部门人员	10995			
合计	169782.5			

制表：　　　　　　　　　　　　　　　　　　　　审核：

13）31日报销工会活动费用（现金支付），见表4-26和表4-27。

表4-26

现金支出凭单　　第　　号

附件 1 张　　2013年10月31日			对方科目	
用款事项：报销工会活动费用　　现金付讫				
人民币（大写）：贰仟元整　　¥2000.00				
收款人 王民（签章）	主管人员 李力（签章）	会计人员 黄琳（签章）	出纳员付讫 李华（签章）	

表4-27

广东省地方税收通用发票（电子）　　电子发票 手写无效

发票联

发票代码 244011107030

发票代码 00337452

开票日期：2013-10-25

付款方名称：（单位）广州格林电器有限公司

付款方识别号：

收款方名称：广州市荔湾区新茶香居酒家

收款方识别号：44010370834831X

主管税务机关：广州市荔湾区地方税务局

防伪码：11972381656215560684049

序号	开票项目说明	金额
1	餐费	2000.00
合计（大写）：人民币贰仟圆整	合计（小写）：¥2000.00	

附注：

开票单位盖章：　　开票人：杨燕

（印章：广州市荔湾区新茶香居酒家 44010370834831X 发票专用章）

发票联　付款方付款凭证

个人自负社会保险费及住房公积金计算表（1-12 月相同）

2010 年 10 月　　　　　单位：元

编号	姓名	部门	职员类别	上年平均月工资	项目				
					养老保险 8%	医疗保险 2%	失业保险 1%	住房公积金 12%	小　计
1	张力	厂部管理部	厂部管理人员	8500	680	170	85	1020	1955
2	王民	厂部管理部	厂部管理人员	7500	600	150	75	900	1725
3	李力	厂部管理部	厂部管理人员	6500	520	130	65	780	1495
4	黄琳	厂部管理部	厂部管理人员	5000	400	100	50	600	1150
5	李华	厂部管理部	厂部管理人员	5000	400	100	50	600	1150
6	龙敏	厂部管理部	厂部管理人员	4800	384	96	48	576	1104
	小计				**2984**	**746**	**373**	**4476**	
7	刘星	销售部门	销售人员	4800	384	96	48	576	1104
8	江红	销售部门	销售人员	4800	384	96	48	576	1104
	小计				**768**	**192**	**96**	**1152**	
9	王立	辅助生产车间	辅助生产人员	4500	360	90	45	540	1035
10	江芬	辅助生产车间	辅助生产人员	4500	360	90	45	540	1035
	小计				**720**	**180**	**90**	**1080**	
11	王军	基本生产车间	注塑车间管理人员	4500	360	90	45	540	1035
12	杨春	基本生产车间	马达车间管理人员	4200	336	84	42	504	966
13	陈光	基本生产车间	滤纸车间管理人员	4200	336	84	42	504	966
14	江珊	基本生产车间	装配车间管理人员	4200	336	84	42	504	966
	小计				**1368**	**342**	**171**	**2052**	
15	万耿	注塑车间	生产工人	4200	336	84	42	504	966
16	蔡烨	注塑车间	生产工人	4200	336	84	42	504	966
17	梁林	注塑车间	生产工人	4200	336	84	42	504	966
18	方圆	注塑车间	生产工人	3800	304	76	38	456	874
19	朱桂	注塑车间	生产工人	3800	304	76	38	456	874
20	程前	注塑车间	生产工人	3800	304	76	38	456	874
	小计				**1920**	**480**	**240**	**2880**	
21	孙洁	马达车间	生产工人	3500	280	70	35	420	805
22	郭望	马达车间	生产工人	3500	280	70	35	420	805
23	张靓	马达车间	生产工人	3500	280	70	35	420	805
24	麦帆	马达车间	生产工人	3000	240	60	30	360	690
25	崔花	马达车间	生产工人	3000	240	60	30	360	690
26	王灵	马达车间	生产工人	3000	240	60	30	360	690
	小计				**1560**	**390**	**195**	**2340**	
27	刘敬	滤纸车间	生产工人	3000	240	60	30	360	690
28	肖愈	滤纸车间	生产工人	3000	240	60	30	360	690
29	何欢	滤纸车间	生产工人	3000	240	60	30	360	690
30	胡晓	滤纸车间	生产工人	3000	240	60	30	360	690
31	张松	滤纸车间	生产工人	3000	240	60	30	360	690
32	李红	滤纸车间	生产工人	3000	240	60	30	360	690
	小计				**1440**	**360**	**180**	**2160**	
33	彭连	装配车间	生产工人	3000	240	60	30	360	690
34	林利	装配车间	生产工人	3000	240	60	30	360	690
35	黄洁	装配车间	生产工人	3000	240	60	30	360	690
36	何辉	装配车间	生产工人	3000	240	60	30	360	690
37	方雨	装配车间	生产工人	3000	240	60	30	360	690
38	黄山	装配车间	生产工人	3000	240	60	30	360	690
39	纪蓝	装配车间	生产工人	3000	240	60	30	360	690
40	陈宾	装配车间	生产工人	3000	240	60	30	360	690
	小计				**1920**	**480**	**240**	**2880**	
	合计			**158500**	**12680**	**3170**	**1585**	**19020**	**36455**

单位负担的社会保险费及住房公积金计算表（1-12 月相同）

单位：元

编号	姓名	部门	职员类别	上年平均月工资	项目							
					养老保险 18%	医疗保险 8%	失业保险 1%	工伤保险金 0.8%	生育保险金 0.4%	小计	住房公积金 12%	五险一金合计
1	张力	厂部管理部	厂部管理人员	8500	1530	680	85	68	34		1020	3417
2	王民	厂部管理部	厂部管理人员	7500	1350	600	75	60	30		900	3015
3	李力	厂部管理部	厂部管理人员	6500	1170	520	65	52	26		780	2613
4	黄琳	厂部管理部	厂部管理人员	5000	900	400	50	40	20		600	2010
5	李华	厂部管理部	厂部管理人员	5000	900	400	50	40	20		600	2010
6	龙敏	厂部管理部	厂部管理人员	4800	864	384	48	38.4	19.2		576	1929.6
	小计				**6714**	**2984**	**373**	**298.4**	**149.2**	**10518.6**	**4476**	**14994.6**
7	刘星	销售部门	销售人员	4800	864	384	48	38.4	19.2		576	1929.6
8	江红	销售部门	销售人员	4800	864	384	48	38.4	19.2		576	1929.6
	小计				**1728**	**768**	**96**	**76.8**	**38.4**	**2707.2**	**1152**	**3859.2**
9	王立	辅助生产车间	辅助生产人员	4500	810	360	45	36	18		540	1809
10	江芬	辅助生产车间	辅助生产人员	4500	810	360	45	36	18		540	1809
	小计				**1620**	**720**	**90**	**72**	**36**	**2538**	**1080**	**3618**
11	王军	基本生产车间	注塑车间管理人员	4500	810	360	45	36	18		540	1809
12	杨春	基本生产车间	马达车间管理人员	4200	756	336	42	33.6	16.8		504	1688.4
13	陈光	基本生产车间	滤纸车间管理人员	4200	756	336	42	33.6	16.8		504	1688.4
14	江珊	基本生产车间	装配车间管理人员	4200	756	336	42	33.6	16.8		504	1688.4
	小计				**3078**	**1368**	**171**	**136.8**	**68.4**	**4822.2**	**2052**	**6874.2**
15	万耿	注塑车间	生产工人	4200	756	336	42	33.6	16.8		504	1688.4
16	蔡烨	注塑车间	生产工人	4200	756	336	42	33.6	16.8		504	1688.4
17	梁林	注塑车间	生产工人	4200	756	336	42	33.6	16.8		504	1688.4
18	方圆	注塑车间	生产工人	3800	684	304	38	30.4	15.2		456	1527.6
19	朱桂	注塑车间	生产工人	3800	684	304	38	30.4	15.2		456	1527.6
20	程前	注塑车间	生产工人	3800	684	304	38	30.4	15.2		456	1527.6
	小计				**4320**	**1920**	**240**	**192**	**96**	**6768**	**2880**	**9648**
21	孙洁	马达车间	生产工人	3500	630	280	35	28	14		420	1407
22	郭望	马达车间	生产工人	3500	630	280	35	28	14		420	1407
23	张靓	马达车间	生产工人	3500	630	280	35	28	14		420	1407
24	麦帆	马达车间	生产工人	3000	540	240	30	24	12		360	1206
25	崔花	马达车间	生产工人	3000	540	240	30	24	12		360	1206
26	王灵	马达车间	生产工人	3000	540	240	30	24	12		360	1206
	小计				**3510**	**1560**	**195**	**156**	**78**	**5499**	**2340**	**7839**
27	刘敬	滤纸车间	生产工人	3000	540	240	30	24	12		360	1206
28	肖愈	滤纸车间	生产工人	3000	540	240	30	24	12		360	1206
29	何欢	滤纸车间	生产工人	3000	540	240	30	24	12		360	1206
30	胡晓	滤纸车间	生产工人	3000	540	240	30	24	12		360	1206
31	张松	滤纸车间	生产工人	3000	540	240	30	24	12		360	1206
32	李红	滤纸车间	生产工人	3000	540	240	30	24	12		360	1206
	小计				**3240**	**1440**	**180**	**144**	**72**	**5076**	**2160**	**7236**
33	彭连	装配车间	生产工人	3000	540	240	30	24	12		360	1206
34	林利	装配车间	生产工人	3000	540	240	30	24	12		360	1206
35	黄洁	装配车间	生产工人	3000	540	240	30	24	12		360	1206
36	何辉	装配车间	生产工人	3000	540	240	30	24	12		360	1206
37	方雨	装配车间	生产工人	3000	540	240	30	24	12		360	1206
38	黄山	装配车间	生产工人	3000	540	240	30	24	12		360	1206
39	纪蓝	装配车间	生产工人	3000	540	240	30	24	12		360	1206
40	陈宾	装配车间	生产工人	3000	540	240	30	24	12		360	1206
	小计				**4320**	**1920**	**240**	**192**	**96**	**6768**	**2880**	**9648**
	合计			**158500**	**28530**	**12680**	**1585**	**1268**	**634**	**44697**	**19020**	**63717**

实训四（2）表1

工资结算汇总表

单位：元

编号	姓名	部门	职员类别	日工资	月标准工资额	应扣工资 事假 天数	事假 金额	病假 天数	病假 金额	奖金	加班工资 夜班津贴	休息日工资	法定节日工资	应付工资	代扣款项 养老保险	医疗保险	失业保险	住房公积金	个人所得税	实发工资	领款人签名
1	张力	厂部管理部	厂部管理人员	350	7612.5	1	350			1000				8262.5	680	170	85	1020	521.12	5786.38	
2	王民	厂部管理部	厂部管理人员	320	6960					800				7760	600	150	75	900	480.25	5554.75	
3	李力	厂部管理部	厂部管理人员	290	6307.5					500				5807.5	520	130	65	780	371.87	4940.63	
4	黄琳	厂部管理部	厂部管理人员	220	4785					300				5085	400	100	50	600	168.5	3766.5	
5	李华	厂部管理部	厂部管理人员	220	4785					300				5085	400	100	50	600	168.5	3766.5	
6	龙敏	厂部管理部	厂部管理人员	210	4567.5					300			630	5497.5	384	96	48	576	234.02	4159.48	
	小计													**38497.5**	**2984**	**746**	**373**	**4476**			
7	刘星	销售部门	销售人员	210	4567.5					300			630	5497.5	384	96	48	576	234.02	4159.48	
8	江红	销售部门	销售人员	210	4567.5					300			630	5497.5	384	96	48	576	234.02	4159.48	
	小计													**10995**	**768**	**192**	**96**	**1152**			
9	王立	辅助生产车间	辅助生产人员	200	4350					300				4650	360	90	45	540	136.5	3478.5	
10	江芬	辅助生产车间	辅助生产人员	200	4350					300				4650	360	90	45	540	136.5	3478.5	
	小计													**9300**	**720**	**180**	**90**	**1080**			
11	王军	基本生产车间	注塑车间管理人员	200	4350					300				4650	360	90	45	540	136.5	3478.5	
12	杨春	基本生产车间	马达车间管理人员	180	3915					300				4215	336	84	42	504	99.9	3149.1	
13	陈光	基本生产车间	滤纸车间管理人员	180	3915					500				4215	336	84	42	504	99.9	3149.1	
14	江珊	基本生产车间	装配车间管理人员	180	3915					500				4215	336	84	42	504	99.9	3149.1	
	小计													**17295**	**1368**	**342**	**171**	**2052**			
15	万耿	注塑车间	生产工人	180	3915					500				4215	336	84	42	504	99.9	3149.1	
16	蔡烨	注塑车间	生产工人	180	3915					500				4215	336	84	42	504	99.9	3149.1	
17	梁林	注塑车间	生产工人	180	3915					500				4215	336	84	42	504	99.9	3149.1	
18	方圆	注塑车间	生产工人	150	3262.5					500			450	4212.5	304	76	38	456	108.85	3229.65	
19	朱桂	注塑车间	生产工人	150	3262.5					500			450	4212.5	304	76	38	456	108.85	3229.65	
20	程前	注塑车间	生产工人	150	3262.5					500			450	4212.5	304	76	38	456	108.85	3229.65	
	小计													**25282.5**	**1920**	**480**	**240**	**2880**			
21	孙洁	马达车间	生产工人	130	2827.5					500				3327.5	280	70	35	420	27.25	2495.25	
22	郭望	马达车间	生产工人	130	2827.5					500				3327.5	280	70	35	420	27.25	2495.25	
23	张靓	马达车间	生产工人	130	2827.5					500				3327.5	280	70	35	420	27.25	2495.25	
24	麦帆	马达车间	生产工人	120	2610	1	100			400				2910	240	60	30	360	11	2209	
25	崔花	马达车间	生产工人	120	2610					500			360	3470	240	60	30	360	53	2727	
26	王灵	马达车间	生产工人	120	2610					500			360	3470	240	60	30	360	53	2727	
	小计													**19832.5**	**1560**	**390**	**195**	**2340**			
27	刘敬	滤纸车间	生产工人	120	2610					500			360	3470	240	60	30	360	53	2727	
28	肖愈	滤纸车间	生产工人	120	2610					500			360	3470	240	60	30	360	53	2727	
29	何欢	滤纸车间	生产工人	120	2610					500			360	3470	240	60	30	360	53	2727	
30	胡晓	滤纸车间	生产工人	120	2610					500			360	3470	240	60	30	360	53	2727	
31	张松	滤纸车间	生产工人	120	2610					500			360	3470	240	60	30	360	53	2727	
32	李红	滤纸车间	生产工人	120	2610					500			360	3470	240	60	30	360	53	2727	
	小计													**20820**	**1440**	**360**	**180**	**2160**			
33	彭连	装配车间	生产工人	120	2610					500			360	3470	240	60	30	360	53	2727	
34	林利	装配车间	生产工人	120	2610					500			360	3470	240	60	30	360	53	2727	
35	黄洁	装配车间	生产工人	120	2610					500			360	3470	240	60	30	360	53	2727	
36	何辉	装配车间	生产工人	120	2610					500			360	3470	240	60	30	360	53	2727	
37	方雨	装配车间	生产工人	120	2610					500			360	3470	240	60	30	360	53	2727	
38	黄山	装配车间	生产工人	120	2610					500			360	3470	240	60	30	360	53	2727	
39	纪蓝	装配车间	生产工人	120	2610					500			360	3470	240	60	30	360	53	2727	
40	陈宾	装配车间	生产工人	120	2610					500			360	3470	240	60	30	360	53	2727	
	小计													**27760**	**1920**	**480**	**240**	**2880**			
	合计													**169782.5**	**12680**	**3170**	**1585**	**19020**	**4688.5**	**165094**	

14）31日，支付职工培训费2000元（支票支付），见表4-28和表4-29。

表 4-28

广东省地方税收通用发票（电子） 电子发票　手写无效

发　票　联

发票代码　244011205010

开票日期：2013-10-20 11：20：30　　行业类别：文化业　　发票号码　06754258

付款方名称：广州格林电器有限公司

付款方识别号：

收款方名称：广东省财政职业技术学院

收款方识别号：440111455860099　　防伪码：09882112439214462573083

主管税务机关：广州市白云区地方税务局太和税务所

序号	开票项目说明	金额（元）	备注
1	培训费	2000.00	

合计（大写）：人民币贰仟圆整　　合计（小写）：￥2000.00

附注：

本发票可在开票后30天内通过网站、手机、短信等6种补录登记方式，参与"南粤金税"发票抽奖。详情请登录广东地税网站。（广东地税）

（印章：广东省财政职业技术学院 440111455860099 发票专用章）

No.1104001-47642304　　开票人：林辉　　开票单位盖章：

发票联　付款方付款凭证

表 4-29

中国工商银行支票存根(穗)

$\frac{EG}{02}$ 91131227

附加信息

出票日期 2010年10月20日

收款人：广东省财政职业技术学院
金　额：¥2000.00
用　途：支付培训费

单位主管：黄华　　会计：林芳

第5章 固定资产及长期资产核算岗位实训

实训五（I）固定资产核算岗位实训

一、实训目的

1）了解固定资产会计岗位的职责。

2）了解固定资产明细账、总账的设置与登记方法。

3）掌握固定资产增加、减少有核算及账务处理。

4）掌握固定资产折旧的计算方法及账务处理。

二、实训要求

1）根据发生的经济业务，填制有关原始凭证和记账凭证。

2）登记有关固定资产卡片及固定资产明细账（明细账分为房屋及建筑物、机器设备、运输设备、其他设备四类）。

3）登记长期股权投资明细账。

4）编制科目汇总表，并根据科目汇总表登记固定资产、长期股权投资总账。

5）注意主要印章的使用（发票专用章、现金收讫章、现金付讫章、预留银行印鉴章及相关人员印章）。

三、实训资料

广州格林电器有限公司生产组织有基本生产车间四个：注塑车间、马达车间、滤纸车间、装配车间。注塑车间生产胶件 A 与胶件 B，马达车间生产马达，滤纸车间生产滤纸袋、滤筒，最后由装配车间将胶件、马达、滤纸袋、滤筒等，装配成吸尘器（X 型）、吸尘器（Y 型）；辅助车间一个，机修车间为基本生产车间及管理部门提供修理服务。另外还有厂部办公室、销售部等行政部门。

固定资产分为房屋及建筑物、机器设备、运输设备及其他设备四类，均采用平均年限法（综合）计算折旧。使用年限：房屋及建筑物 20 年，机器设备 10 年，运输设备 10 年，其他设备 5 年，固定资产净残值率为 4%。

1）2013 年 11 月 1 日，固定资产原值及折旧情况见表 5-1。

表 5-1

固定资产情况表

名　称	类　别	使用部门	入账日期	增加方式	折旧方法	预计使用期间/月	原　值	累计折旧	预计净残值/4%	月折旧额
办公楼	房屋及建筑物	厂部	2008-12-01	购入	平均年限法	240	1200000	105600	48000	4800
办公楼	房屋及建筑物	厂部仓库	2008-12-01	购入	平均年限法	240	200000	18400	8000	800
机修车间	房屋及建筑物	机修车间	2008-12-01	购入	平均年限法	240	200000	18400	8000	800
注塑车间	房屋及建筑物	注塑车间	2008-12-01	购入	平均年限法	240	1200000	105600	48000	4800
马达车间	房屋及建筑物	马达车间	2008-12-01	购入	平均年限法	240	1200000	105600	48000	4800
滤纸车间	房屋及建筑物	滤纸车间	2008-12-01	购入	平均年限法	240	1200000	105600	48000	4800
装配车间	房屋及建筑物	装配车间	2008-12-01	购入	平均年限法	240	1200000	105600	48000	4800
注塑机	机器设备	注塑车间	2008-12-01	购入	平均年限法	120	1800000	316800	72000	14400
循环水机	机器设备	注塑车间	2008-12-01	购入	平均年限法	120	600000	105600	24000	4800
啤软管机	机器设备	注塑车间	2008-12-01	购入	平均年限法	120	960000	168960	38400	7680
冲床	机器设备	马达车间	2008-12-01	购入	平均年限法	120	480000	84480	19200	3840

续表

名　称	类　别	使用部门	入账日期	增加方式	折旧方法	预计使用期间/月	原　值	累计折旧	预计净残值/4%	月折旧额
绕线机	机器设备	马达车间	2008-12-01	购入	平均年限法	120	600000	105600	24000	4800
滤筒机	机器设备	滤纸车间	2008-12-01	购入	平均年限法	120	1200000	211200	48000	9600
切纸机	机器设备	滤纸车间	2008-12-01	购入	平均年限法	120	96000	16896	3840	768
叉车	机器设备	装配车间	2008-12-01	购入	平均年限法	120	240000	42240	9600	1920
货架	机器设备	装配车间	2008-12-01	购入	平均年限法	120	240000	42240	9600	1920
小轿车	运输设备	厂部	2008-12-01	购入	平均年限法	120	960000	168960	38400	7680
面包车	运输设备	销售部	2008-12-01	购入	平均年限法	120	96000	16896	3840	768
复印机	其他设备	厂部	2008-12-01	购入	平均年限法	60	15000	5280	600	240
电脑	其他设备	销售部	2008-12-01	购入	平均年限法	60	6000	2112	240	96
电脑	其他设备	厂部	2008-12-01	购入	平均年限法	60	12000	4224	480	192
打印机	其他设备	厂部	2008-12-01	购入	平均年限法	60	3000	1056	120	48
							13708000	1857344		84352

2）广州格林电器有限公司 11 月部分经济业务如下。

① 10 日，购货车，支票付款，同时以现金支付保险费，见表 5-2～表 5-9。

表 5-2

44000087456 广东省增值税专用发票 № 04293831

发 票 联

开票日期：2013 年 11 月 10 日

购货单位	名　称：广州格林电器有限公司 纳税人识别号：440105664017608 地址 电话：广州市皇甫大道 68 号 开户行及账号：工行越秀支行 4895 9104 0031 9191			密码区	3<>20-3+8+7<+5-2+487<加密版本号： 4>+6059/3477626-/-+/8> 23 1<12/5<1++/28220*49/0 3240023220 6>5<24->>3*05/>>92 07881134		
货物或应税劳务名称	规格型号	单位	数量	单价	金额	税率	税额
货车 1.6AT			1	90000.00	90000.00	13%	11700.00
合　计					90000.00		11700.00
价税合计（大写）	⊗壹万仟柒佰元整				（小写）¥11700.00		
销货单位	名　称：广东省物资进出口公司 纳税人识别号：440101219033633 地址 电话：广州市燕岭路 18 号 开户行及账号：工行一支行营业室 129200033411			备注	广东省物资进出口公司 440104219033633 发票专用章		

第三联：发票联 购货方记账凭证

收款人：王伟　　复核：李山　　开票人：柳艳　　销货单位：（章）

表 5-3

44000087456 广东省增值税专用发票 № 04293831

抵 扣 联

开票日期：2013 年 11 月 10 日

购货单位	名　称：广州格林电器有限公司 纳税人识别号：440105664017608 地址 电话：广州市皇甫大道 68 号 开户行及账号：工行越秀支行 4895 9104 0031 9191			密码区	3<>20-3+8+7<+5-2+487<加密版本号： 4>+6059/3477626-/-+/8> 23 1<12/5<1++/28220*49/0 3240023220 6>5<24->>3*05/>>92 07881134		
货物或应税劳务名称	规格型号	单位	数量	单价	金额	税率	税额
货车 1.6AT			1	90000.00	90000.00	13%	11700.00
合　计					90000.00		11700.00
价税合计（大写）	⊗壹万仟柒佰元整				（小写）¥11700.00		
销货单位	名　称：广东省物资进出口公司 纳税人识别号：440101219033633 地址 电话：广州市燕岭路 18 号 开户行及账号：工行一支行营业室 129200033411			备注	广东省物资进出口公司 440104219033633 发票专用章		

第二联：抵扣联 购货方扣税凭证

收款人：王伟　　复核：李山　　开票人：柳艳　　销货单位：（章）

表 5-4

中国工商银行　　广东省分行营业部　　批扣借方凭证（回单）

INDUSTRIAL AND COMMERCIAL BANK OF CHINA　　N0:09111200500000151561

业务日期　2013 年 11 月 10 日

付款人	全 称	广州格林电器有限公司	收款人	全 称	广州自来水有限公司									
	账 号	4895 9104 0031 9191		账 号	3602000129200033411									
	开户银行	工行越秀支行		开户银行	一支行营业室									
金额	人民币（大写）	壹万壹仟柒佰元整		千	百	十	万	千	百	十	元	角	分	
							1	1	7	0	0	0	0	
摘要	货款													
备注														

工行网站：WWW.ICBC.COM.CN　　打印日期：2013 年 11 月 10 日

服务热线电话：95588

表 5-5

保险业专用发票

INSURANCE TRADE INVOICE

发 票 联

INVOICE

发票代码 244000830021

发票号码 03365949

开票日期：　2013.11.10

Date of Issue

付款人：广州格林电器有限公司

Paycr

承保险种：　机动车辆保险

Coverage

保险单号：AFAAAC08DHA2010B001160　　批单号：

Policy No.　　End.No

保险费金额（大写）：（人民币）贰仟捌佰元整　　（小写）：RMB:2800.00

Premium Amount　（In Words）　　（In Figures）

代收车船税（小写）：　　滞纳金（小写）：

Vehicle ＆ Vessel Tax（In Figures）　　Overdue fine（In Figures）

合计（大写）：（人民币）贰仟捌佰元整

Consist（In Words）

附注：

Remarks

第三联：发票联　付款方留存

保险公司名称：中国太平洋保险公司广州分公司　　复核：　　经手人：兰舒

Insurance Company　　Checked by　　Handler

Stamped by Insurance Company　　地址：广州市广州大道天龙大厦 1 楼　电话：02062827111

Add　　Tel

（手写无效）

保险公司纳税人识别号：

Taxpayer Identification No.　　Not Valid In Hand Written

表 5-6

现金支出凭单

第　　号

附件 1 张	2013 年 11 月 10 日	对方科目编号	
用款事项：支付汽车保险费			
人民币（大写）：贰仟捌佰元整	¥2800.00		
交款人：陈芳（签章）	主管人员：李力（签章）	会计人员：黄琳（签章）	出纳员付讫：李华（签章）

表 5-7

固定资产设备入库单

年　　月　　日　　　　字第　号

编号	名称	规格	单位	应收数量	实收数量	单价	金额								供应单位名称
							十	万	千	百	十	元	角	分	

附单据　　张

会计：　　仓库主管：　　保管：　　验收：　　采购：

表 5-8

固定资产卡片（正面）

卡片编号：

固定资产项目编号：

固定资产项目名称	货车 LFVABA21J133032345		型号规格或技术特点	AWB167874 1.6T		建设单位或制造工厂名称	沈阳机械制造有限公司
原值		其中安装费		预计净残值	4%	预计年限	10 年
建造日期	年　月		验收日期	年　月		开始使用日期	年　月
年折旧额		年折旧率		月折旧额			
拨入日期		拨入时已使用年限		尚能使用年限		拨入时已使用年限	

使用或保管部门变动情况			原价变动记录					附属设备记录				
日期	凭证	使用或保管部门	日期	凭证	增加	减少		名称	规格	单位	数量	金额
年　月												

表 5-9

固定资产卡片（反面）

<table>
<tr><td colspan="4">计提基本折旧</td><td colspan="4">大修理完工记录</td><td colspan="3">停用复记录</td></tr>
<tr><td>年度</td><td>本期提取</td><td>累计提取</td><td>净值</td><td>日期</td><td>凭证</td><td>摘要</td><td>金额</td><td>停用日期</td><td>停用原因</td><td>复用日期</td></tr>
<tr><td></td><td></td><td></td><td></td><td></td><td></td><td></td><td></td><td></td><td></td><td></td></tr>
<tr><td>调出记录</td><td colspan="5">调出日期：　　批准文号：
调往单位：
原　　值：
安装费：　　已使用年限：</td><td>报废清理记录</td><td colspan="4">清理原因：　　清理日期：
实际使用：　　批准文号：
年　　限：
清理费用：　　变价收入：</td></tr>
<tr><td rowspan="3">备注</td><td colspan="7" rowspan="3"></td><td>建、销卡</td><td>日期</td><td>经办人</td></tr>
<tr><td>建卡</td><td>年月</td><td></td></tr>
<tr><td>销卡</td><td></td><td></td></tr>
</table>

② 11 日，因火灾烧毁厂部仓库房屋，原价 200 000 元，已提折旧 18 400 元（包含本月折旧，则为 19 200 元），将其转入清理（房屋已购财产保险，等待保险评估赔偿），见表 5-10。

表 5-10

固定资产报废单

填报企业：　　　　2013 年 11 月 11 日　　　　固废字（6）

<table>
<tr><td rowspan="7">使用部门</td><td>设备编号</td><td>统一　　本厂</td><td>复杂系数</td><td></td></tr>
<tr><td>设备名称</td><td>房屋</td><td>始用日期</td><td>2008．12．1</td></tr>
<tr><td>型号规格</td><td></td><td>原值</td><td>100000</td></tr>
<tr><td>设备隶级</td><td></td><td>全部使用年限</td><td>20 年</td></tr>
<tr><td>设备类级</td><td>类　　级</td><td>已使用年限</td><td>22 个月</td></tr>
<tr><td>制造厂（国别）</td><td></td><td>使用部门</td><td>办公室</td></tr>
<tr><td>设备现状及报废原因</td><td colspan="3">火灾、提早报废
主管：李明　设备员：王民</td></tr>
<tr><td rowspan="3">主管部门</td><td>设备管理员意见</td><td colspan="3">同意报废
设备管理员：王军</td></tr>
<tr><td>负责人意见</td><td colspan="3">同意报废
主管：黄山</td></tr>
<tr><td>报废后处理意见</td><td colspan="3"></td></tr>
<tr><td rowspan="2">财务部</td><td>折旧</td><td>19200 元（包含本月折旧）</td><td>净值</td><td>180800 元</td></tr>
<tr><td>财务部意见</td><td colspan="3">同意报废
主管：李力　经办人：黄琳</td></tr>
<tr><td colspan="2">企业负责人</td><td colspan="3">同意报废
主管：付强</td></tr>
<tr><td colspan="2" rowspan="2">上级机关审核</td><td>管理员</td><td colspan="2">集团公司</td></tr>
<tr><td></td><td colspan="2"></td></tr>
</table>

第二联　财务部门

③ 12 日，经批准建造仓库一间，现将仓库建造工程出包给广州第一建筑公司。根据合同，预付给广州第一建筑公司工程款 200 000 元（支票付款）见表 5-11。

表 5-11

收　据

No. 0014256

2013 年 11 月 12 日			对方科目 编　号	
事　项：收到广州格林电器有限公司仓库建造款				
人民币 （大写）	： 贰拾万元整　　¥200000.00			
交款人： 宋华 （签章）	主管 人员：黎铭 （签章）	会计 人员：萧红 （签章）	经手人：刘岩 （签章）	

④ 15 日，报废一台打印机，转入清理（折旧 1104 元包括本月数），见表 5-12。

表 5-12

固定资产报废单

填报企业：　　2013 年 11 月 15 日　　固废字（5）

使用部门	设备编号	统一　　本厂	复杂系数	电子
	设备名称	电脑	始用日期	2008．12．1
	型号规格	夏普Ⅲ型	原值	3000 元
	设备隶级		全部使用年限	5 年
	设备类级	类　　级	已使用年限	23 个月
	制造厂（国别）		使用部门	办公室
	设备现状及报废原因	主机故障、提早报废 主管：李明　设备员：王民		
主管部门	设备管理员意见	设备管理员：王军		
	负责人意见	同意报废 主管：黄山		
	报废后处理意见			
财务部	折旧	1104 元	净值	1896 元
	财务部意见	同意报废 主管：李力　经办人：黄琳		
企业负责人		同意报废 主管：付强		
上级机关审核		管理员	集团公司	

第二联　财务部门

报废日期：2013.11.15

⑤ 15日，报废打印机变价收入100元，结转报废打印机净损益，见表5-13和表5-14。

表5-13

现金收入凭单　　第　号

<table>
<tr><td colspan="2">附件 1　张　　2013年11月15日</td><td>对方科目
编　号</td><td></td></tr>
<tr><td colspan="4">用　款
事　项：打印机报废收入</td></tr>
<tr><td>人民币
（大写）</td><td colspan="3">：
壹佰元整　　¥100.00</td></tr>
<tr><td>收款人：
陈生
（签章）</td><td>主管
人员：李力
（签章）</td><td>会计
人员：黄琳
（签章）</td><td>出纳员
付讫：李华
（签章）</td></tr>
</table>

表5-14

固定资产清理损益计算表

年　月　日

项　目	金额/元	备　注
固定资产原值		
减：累计折旧		
固定资产净值		
减：变价收入		
加：清理费用		
固定资产清理净损失（负数为净收益）		

制表：　　　　审核：

⑥ 收到保险公司保险赔款 108 480 元，结转烧毁房屋的净损益，见表 5-15 和表 5-16。

表 5-15

中国工商银行 电汇凭证（收款通知） 3

委托日期 2013 年 11 月 16 日　　　　第 0943211 号

付款人	全　称	广州太平洋保险公司	收款人	全　称	广州格林电器有限公司
	账　号	0492-9837-4271		账　号	4895 9104 0031 9191
	汇出地点	广州市中华路 100 号		汇入地点	广州
汇出行名称		工行中华路办	汇入行名称		工行越秀支行
金额	人民币（大写）	壹拾万零捌仟肆佰捌拾元整	亿千百十万千百十元角分		¥ 1 0 8 4 8 0 0 0
汇款用途：保险赔款			支付密码		
上列款项请在本人的账户内支付，并按照汇兑结算规定汇给收款人。 汇款人签章			附加信息及用途： 复核　　记账		

此联是汇出银行给汇款单位的回单

（印章：中国工商银行股份有限公司广州越秀支行 2013.11.16 核算用章(04)）

表 5-16

固定资产清理损益计算表

年　月　日

项　目	金额/元	备　注
固定资产原值		
减：累计折旧		
固定资产净值		
减：变价收入		
保险赔款		
加：清理费用		
固定资产清理净损失（负数为净收益）		

制表：　　　　审核：

⑦ 16日，购买惠普打印机（型号：HP Deskjet D2368；产地：东莞市，东莞惠普股份有限责任公司，预计使用5年，残值率4%）一台，用单位信用卡付款，见表5-17～表5-21。

表5-17

广州王府井百货有限责任公司

广东省广州市国家税务局通用机打发票

发票联

发票代码 144011220137

发票号码 00089502

开票日期：2013-11-16　行业分类：　商业　　00089502

顾客名称：	广州格林电器有限公司			
地址：				
项目	单位	数量	单价	金额
惠普打印机	台		4000.00	4000.00
合计金额大写(人民币)：	⊗ 肆仟元整		合计金额小写：	￥4000.00
备注：				
开票人：李红	收款人：李红	开票单位（盖章）：广州王府井百货有限责任公司		

第一联 发票联（购货单位付款凭证）（手写无效）

（印章：广州王府井百货有限责任公司 440102231256060 发票专用章）

本发票限于二〇一四年六月底前开具　　本发票开具合计金额超过拾万元无效

表 5-18

（广东） **持卡人存根**

银联 CARD HOLDER COPY

商户名称及编号
MERCHANT NAME &ID
102440153114003

清算日期 11/16
SETT. DATE

终端编号 01003069
TFRMINAL ID

操作员编号 (01)
OPERATOR ID

发卡行
ISSUER BANK

收单行 工商银行
ACQUIRER BANK

卡号 5800-007-58
CARD NO.

交易类型 消费
TRANS TYPE

授权号
AUTH NO.

批次号 000675
BATCH NO.

凭证号 025438
VOUCHER NO.

日期/时间 16/11/2013 11:22
DATE/TME

有效期 06/16
EXP DATE

系统参考号 00000054891
SYS. REP. NO.

重打标志
PRINT PLAG

金额 RMB 4000.00
AMOUNT

原凭证号
ORIG VOUCHER NO.

备注
REMARKS RMB 4000.00

本人确认以上交易，同意将其记入本卡账户
I ACKNDWLEDGE SATISFATCORY RECEIPT OF RELATIVE GOODS/SERVICES

持卡人签名
CARDHOLDER SIGNATURE 黄琳

持卡人已收受这单据金额的有关商品及或服务，并愿意遵守与发卡银行签定的持卡人合约内的一切条款。THE ISUER OF THE CARD IDENTIFIED ON THI ITEM IS AUTHORIZED TO PAY THE AMOUNT SHOWN A TOTAL UPON PROPER PRESNTATION。IPRONISE TO AY SUCH TOTAL TOGETHER WITH ANY OTHER CHARGES DUE THEREON) SUBJECT TO AND ACCORDAICE WITH THE AGREEMENT GOVERNING THE OF SUCH CARO。

表 5-19

固定资产设备入库单

年　　月　　日　　　　　　　　　　字第　　号

编号	名称	规格	单位	应收数量	实收数量	单价	金额								供应单位名称
							十	万	千	百	十	元	角	分	

附单据　　张

会计：　　　　仓库主管：　　　　保管：　　　　验收：　　　　采购：

表 5-20

固定资产卡片（正面）

固定资产类别：　　　　　　　　　　　　　　卡片编号：

固定资产项目编号：

固定资产项目名称		型号规格或技术特点		建设单位或制造工厂名称			
原值		其中安装费		预计净残值		预计年限	年
建造日期	年　月	验收日期	年　月	开始使用日期	年　月		
年折旧额		年折旧率		月折旧额			
拨入日期		拨入时已使用年限		尚能使用年限		拨入时已使用年限	

使用或保管部门变动情况			原价变动记录					附属设备记录				
日期	凭证	使用或保管部门	日期	凭证	增加	减少		名称	规格	单位	数量	金额
年　月												

表 5-21

固定资产卡片（反面）

<table>
<tr><td colspan="4">计提基本折旧</td><td colspan="4">大修理完工记录</td><td colspan="3">停用复记录</td></tr>
<tr><td>年度</td><td>本期提取</td><td>累计提取</td><td>净值</td><td>日期</td><td>凭证</td><td>摘要</td><td>金额</td><td>停用日期</td><td>停用原因</td><td>复用日期</td></tr>
<tr><td></td><td></td><td></td><td></td><td></td><td></td><td></td><td></td><td></td><td></td><td></td></tr>
<tr><td>调出记录</td><td colspan="5">调出日期：批准文号：
调往单位：
原　　值：
安装费：已使用年限：</td><td>报废清理记录</td><td colspan="4">清理原因：清理日期：批准文号：
实际使用：
年　　限：
清理费用：变价收入：</td></tr>
<tr><td rowspan="2">备注</td><td rowspan="2" colspan="7"></td><td>建销卡</td><td>日期</td><td>经办人</td></tr>
<tr><td>建卡</td><td>年月</td><td></td></tr>
</table>

⑧ 16 日，开出支票购入不需要安装的冲床设备（马达车间使用），并以现金支付运费 600 元，见表 5-22～表 5-29。

表 5-22

4401101140　　**广东省增值税专用发票**　　№ 42593802

发票联

开票日期：2013 年 11 月 16 日

<table>
<tr><td>购货单位</td><td colspan="4">名　　称：广州格林电器有限公司
纳税人识别号：440105664017608
地 址 电 话：广州市皇甫大道 68 号
开户行及账号：工行越秀支行
4895 9104 0031 9191</td><td>密码区</td><td colspan="3">3<>20-3+8+7<+5-2+487< 加密版本号：
4>+6059/3477626-/-+/8> 11
1<12/5<1++/28220*49/0 3240023440
6>5<24->>3*05/>>92 07881134</td></tr>
<tr><td colspan="2">货物或应税劳务名称</td><td>规格型号</td><td>单位</td><td>数量</td><td>单价</td><td>金额</td><td>税率</td><td>税额</td></tr>
<tr><td colspan="2">冲床设备</td><td></td><td>台</td><td>1</td><td>240000</td><td>240000.00</td><td>17%</td><td>40800.00</td></tr>
<tr><td colspan="2">合　　计</td><td></td><td></td><td></td><td></td><td>240000.00</td><td></td><td>40800.00</td></tr>
<tr><td colspan="2">价税合计（大写）</td><td colspan="7">⊗贰拾捌万零捌佰元整　　（小写）¥280800.00</td></tr>
<tr><td>销货单位</td><td colspan="4">名　　称：广州市东方机械有限公司
纳税人识别号：440102708258055
地 址 电 话：广州市东风路 187 号
开户行及账号：建行广州市东风办事处</td><td>备注</td><td colspan="3">广州市东方机械有限公司
440102708258055
发票专用章</td></tr>
</table>

第三联：发票联 购货方记账凭证

收款人：王伟　　复核：许原　　开票人：李平　　销货单位：（章）

表 5-23

4401101140 **广东省增值税专用发票** № 42593802

抵扣联

开票日期：2013年11月16日

<table>
<tr><td rowspan="4">购货单位</td><td colspan="4">名　　称：广州格林电器有限公司
纳税人识别号：440105664017608
地 址 电 话：广州市皇甫大道68号
开户行及账号：工行越秀支行
4895 9104 0031 9191</td><td>密码区</td><td colspan="3">3<>20-3+8+7<+5-2+487< 加密版本号：
4>+6059/3477626-/-+/8> 11
1<12/5<1++/28220*49/0 3240023440
6>5<24->>3*05/>>92 07881134</td><td rowspan="8">第二联：抵扣联　购货方扣税凭证</td></tr>
<tr><td>货物或应税劳务名称</td><td>规格型号</td><td>单位</td><td>数量</td><td>单价</td><td>金额</td><td>税率</td><td>税额</td></tr>
<tr><td>冲床设备</td><td></td><td>台</td><td>1</td><td>240000</td><td>240000.00</td><td>17%</td><td>40800.00</td></tr>
<tr><td>合　　计</td><td></td><td></td><td></td><td></td><td>240000.00</td><td></td><td>40800.00</td></tr>
<tr><td>价税合计（大写）</td><td colspan="7">⊗贰拾捌万零捌佰元整　　（小写）¥280800.00</td></tr>
<tr><td>销货单位</td><td colspan="4">名　　称：广州市东方机械有限公司
纳税人识别号：440102708258055
地 址 电 话：广州市东风路187号
开户行及账号：建行广州市东风办事处</td><td>备注</td><td colspan="3">广州市东方机械有限公司 440102708258055 发票专用章</td></tr>
</table>

收款人：王伟　　复核：许原　　开票人：李平　　销货单位：（章）

表 5-24

4401041730 **货物运输业增值税专用发票** № 01288306

抵扣联

开票日期：2013年11月16日

<table>
<tr><td>承运人及纳税人识别号</td><td>广州天龙运输有限公司
440104289780120</td><td rowspan="2">密码区</td><td colspan="3" rowspan="2">028+94686<7659+/31</>+4/+/<1/**2*23/6
6*949348530>642><66>6*/<<1++*<85+7-4
3/41/+9>/9+1<3+89+27294009/*4>51+/+5
2><*<>2+927663/+7301>/-21/-4<//04-+-</td></tr>
<tr><td>实际受票方及纳税人识别号</td><td>广州格林电器有限公司
440105664017608</td></tr>
<tr><td>收货人及纳税人识别号</td><td>广州格林电器有限公司
440105664017608</td><td>发货人及纳税人识别号</td><td colspan="3">广州市东方机械有限公司
440102708258055</td></tr>
<tr><td>起运地、经由、到达地</td><td colspan="5">广州-广州公路运输</td></tr>
<tr><td>费用项目及金额</td><td colspan="2">费用项目　金额　费用项目　金额
运费　600.00</td><td>运输货物信息</td><td colspan="2">冲床</td></tr>
<tr><td>合计金额</td><td>¥666.00　税率 11%</td><td>税率 ¥66.00</td><td>机器编号</td><td colspan="2">499000513506</td></tr>
<tr><td>价格合计（大写）</td><td colspan="5">⊗陆佰陆拾陆元整　　（小写）¥666.00</td></tr>
<tr><td>本种车号</td><td>车船吨位</td><td></td><td rowspan="2">备注</td><td colspan="2" rowspan="2">广州天龙运输有限公司 440104289780120 发票专用章</td></tr>
<tr><td>主管税务机关及代码</td><td colspan="2">越秀区第一税务所
44010418912</td></tr>
</table>

第二联 抵扣联 受票方扣税凭证

国税函〔2011〕632号上海印钞有限公司

收款人：　　复核人：　　开票人：韦敏　　承运人：（章）

表 5-25

4401041730 货物运输业增值税专用发票 № 01288306

发票联

（印章：全国统一发票监制章 广州 国家税务局监制）

开票日期：2013 年 11 月 16 日

承运人及纳税人识别号	广州天龙运输有限公司 440104289780120	密码区	028+94686<7659+/31</>+4/+/<1/**2*23/6 6*949348530>642><66>6*/<<1++*<85+7-4 3/41/+9>/9+1<3+89+27294009/*4>51+/+5 2><*<>2+927663/+7301>/-21/-4<//04-+-
实际受票方及纳税人识别号	广州格林电器有限公司 440105664017608		
收货人及纳税人识别号	广州格林电器有限公司 440105664017608	发货人及纳税人识别号	广州市东方机械有限公司 440102708258055
起运地、经由、到达地	广州-广州公路运输		
费用项目及金额	费用项目 金额 费用项目 金额 运费 600.00	运输货物信息	冲床
合计金额	￥666.00	税率 11%	税率 ￥66.00 　机器编号 499000513506
价格合计（大写）	⊗陆佰陆拾陆元整		（小写）￥666.00
本种车号		车船吨位	
主管税务机关及代码	越秀区第一税务所 44010418912	备注	（印章：广州天龙运输有限公司 440104289780120 发票专用章）

收款人： 复核人： 开票人：韦敏 承运人：（章）

国税函〔2011〕632 号上海印钞有限公司

第三联 发票联 受票方记账凭证

表 5-26

现金支出凭单

第　　号

附件 1 张	2013 年 11 月 16 日	对方科目编号	
用款事项：支付运费			
人民币（大写）：	陆佰元整	¥600.00	
交款人：陈芳（签章）	主管人员：李力（签章）	会计人员：黄琳（签章）	出纳员付讫：李华（签章）

表 5-27

固定资产验收单

统一编号：　　　　　　　　　　　　　　　　　　　　　　本厂编号：

计划管理部门	设备名称	冲床		电动机	台		
	型号	YX 型		总动率			
	规格			出厂编号		出厂日期	2013.10.14
	制造厂	广州市东方机械有限公司		自重量	kg	始用日期	2013.11.16
	型尺寸			使用部门	马达车间	施工工号	
	随机附件						
	名称	型号规格		数量	名称	型号规格	数量
	说明书			装箱单		图纸	
	合格证			精度单		资料验收入	
固定资产管理部门	设备隶属					复杂系数	机电
	设备类别					使用年限	10 年
	精度等级	提高级、标准级、降低级				分类划级	类级
财务处	设备费					安装及其他费	600 元
	原值合计					资产来源	购入
验收意见	验收合格 固定资产历产管理部门验收入：李新						
计划管理部门	主管经办人：李建花	使用部门	主管经办人：付强	固定资产管理部门	主管经办人：黄琳	财务处	主管经办人：李力

验收日期：2013.11.16

表 5-28

固定资产卡片（正面）

固定资产类别： 卡片编号：

固定资产项目编号：

固定资产项目名称			型号规格或技术特点				建设单位或制造工厂名称				
原值		其中安装费			预计净残值						
建造日期	年 月		验收日期		年 月		开始使用日期		年 月		
年折旧额		年折旧率			月折旧额						
拨入日期		拨入时已使用年限			尚能使用年限			拨入时已使用年限			
使用或保管部门变动情况			原价变动记录				附属设备记录				
日期	凭证	使用或保管部门	日期	凭证	增加	减少	名称	规格	单位	数量	金额
年 月											

表 5-29

固定资产卡片（反面）

计提基本折旧				大修理完工记录				停用复记录		
年度	本期提取	累计提取	净值	日期	凭证	摘要	金额	停用日期	停用原因	复用日期
调出记录	调出日期： 批准文号： 调往单位： 原 值： 安 装 费： 已使用年限：					报废清理记录	清理原因： 清理日期： 批准文号： 实际使用： 年 限： 清理费用： 变价收入：			
备注								建、销卡	日期	经办人
								建卡	年月	
								销卡		

⑨ 18 日支付本月销售部办公室租金 2200 元（支票），见表 5-30。

表 5-30

广东省地方税收通用发票（电子）

发 票 联

电子发票 手写无效

发票代码 244011007990

发票号码 05866274

开票日期：2013-11-18

防伪码	024832930285002007797 88		
付款方	广州格林电器有限公司	身份证号/组织机构代码/纳税人识别号	440105664017608
收款方	广州金泉公司	身份证号/组织机构代码/纳税人识别号	440102708258082
项 目		金 额	备 注
房屋租金		2000.00	
合计金额（大写）	人民币贰仟元整		（小写）2000.00
查询网址：http://www.gdltax.gov.cn		主管税务机关及代码	广州市越秀地方税务局 244010400

第三联：发票联 付款方付款凭证

No:24400100611
09372004　　开票人：苏梅　　收款方盖章：

⑩ 21 日支票支付厂部办公室轿车的修理费 2 000 元，见表 5-31 和表 5-32。

表 5-31

4400012356　　广东省增值税专用发票　　№ 0289745

发 票 联

开票日期：2013 年 11 月 21 日

购货单位	名 称：广州格林电器有限公司 纳税人识别号：440105664017608 地 址 电 话：广州市皇甫大道 68 号 开户行及账号：工行越秀支行 4895 9104 0031 9191			密码区	5<>40-3+8+7<+5-2+127< 加密版本号： 3>+6059/3477611-/-+/9> 57 1<12/5<1++/28220*49/0 3240023191 6>5<24->>3*05/>>92 07881121		
货物或应税劳务名称	规格型号	单位	数量	单价	金额	税率	税额
修理费					2000.00	17%	340.00
合 计					2000.00		340.00
价税合计（大写）	⊗贰仟叁佰肆拾元整				（小写）¥2340.00		
销货单位	名 称：广州华胜汽车股份公司 纳税人识别号：440106708318671 地 址 电 话：广州市中山路 28 号 开户行及账号：建行广州市中山路办事处			备注			

第三联：发票联 购货方记账凭证

收款人：肖娟　　复核：刘娜　　开票人：李峰　　销货单位：（章）

表 5-32

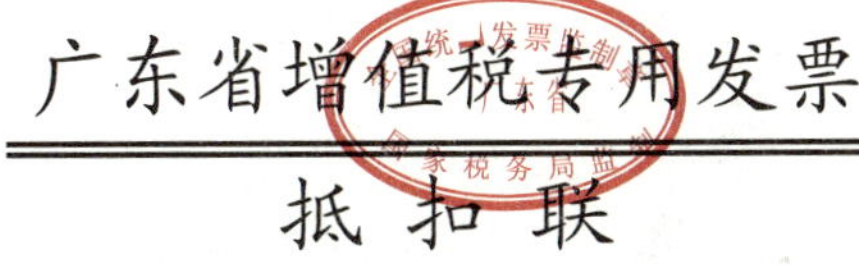

4400012356　　广东省增值税专用发票　　№ 0289745

抵 扣 联

开票日期：2013 年 11 月 21 日

购货单位	名　　称：广州格林电器有限公司 纳税人识别号：440105664017608 地 址 电 话：广州市皇甫大道 68 号 开户行及账号：工行越秀支行 4895 9104 0031 9191	密码区	5＜＞40-3+8+7＜+5-2+127＜ 加密版本号： 3＞+6059/3477611-/-+/9＞ 57 1＜12/5＜1++/28220*49/0 3240023191 6＞5＜24-＞＞3*05/＞＞92 07881121

货物或应税劳务名称	规格型号	单位	数量	单价	金额	税率	税额
修理费					2000.00	17%	340.00
合　　计					2000.00		340.00
价税合计（大写）	⊗贰仟叁佰肆拾元整				（小写）¥2340.00		

销货单位	名　　称：广州华胜汽车股份公司 纳税人识别号：440106708318671 地 址 电 话：广州市中山路 28 号 开户行及账号：建行广州市中山路办事处	备注	广州华胜汽车股份公司 440106708318671 发票专用章

第二联：抵扣联 购货方扣税凭证

收款人：肖娟　　复核：刘娜　　开票人：李峰　　销货单位：（章）

⑪ 21 日，销售马达车间冲床设备 B，原价 200 000 元，已提折旧 36 800 元（含本月已提折旧），作价 150 000 元，见表 5-33～表 5-36。

表 5-33

固定资产交接单

2013 年 11 月 21 日

固定资产名　称	单位	数量	建造日期	购入日期	原始价值	已提折旧	使用年限	备　注
冲床 B	台	1		2011 年 12 月 1 日	200 000	36 800	10	协议价格 150000 元

调出单位：广州格林电器有限公司　　　　调入单位：广州华茂电器有限公司

表 5-34

4400091140　　**广东省增值税普通发票**　　№ 02447111

开票日期：2013 年 11 月 30 日

此联不作报销，扣税凭证使用

购货单位	名　称：广州华茂电器有限公司 纳税人识别号：440102708345888 地址电话：广州中山路 209 号 开户行及账号：工行中山路办 0015-1188-82330001			密码区	3<>20-3+8+7<+5-2+487< 加密版本号： 4>+6059/3499626-/-+/8> 14 1<12/5<1++/28220*49/0 3240023220 6>5<24->>3*05/>>92 07881134		
货物或应税劳务名称	规格型号	单位	数量	单价	金额	税率	税额
冲床		台	1	1	150 000.00	17%	25500.00
合计					150 000.00		25500.00
价税合计（大写）	⊗壹拾柒万伍仟伍佰元整				（小写）¥175500.00		
销货单位	名　称：广州格林电器有限公司 纳税人识别号：440105664017608 地址电话：广州市皇甫大道 68 号 开户行及账号：工行越秀支行 4895 9104 0031 9191			备注			

收款人：　　复核：李力　　开票人：龙敏　　销货单位（章）

第一联：记账联　销货方记账凭证

表 5-35

中国工商银行　电汇凭证（收款通知）　　3

委托日期 2013 年 11 月 21 日　　第 1113211 号

付款人	全称	广州华茂电器有限公司	收款人	全称	广州格林电器有限公司
	账号	0492-1125-2314-1001		账号	4895 9104 0031 9191
	汇出地点	广州市建设路 10 号		汇入地点	广州市
汇出行名称		工行建设路办	汇入行名称		工行越秀支行

金额	人民币（大写）	亿	千	百	十	万	千	百	十	元	角	分
	壹拾柒万伍仟伍佰元整			¥	1	7	5	5	0	0	0	0

汇款用途：货款	支付密码
上列款项请在本人的账户内支付，并按照汇兑结算规定汇给收款人。 汇款人签章	附加信息及用途： 复核　　记账

（印章：中国工商银行股份有限公司广州越秀支行 2013.11.21 核算用章(04) 王山）

此联是汇出银行给汇款单位的回单

表 5-36

固定资产清理损益计算表

年　　月　　日

项　　目	金额/元	备　　注
固定资产原值		
减：累计折旧		
固定资产净值		
减：变价收入		
加：清理费用		
固定资产清理净损失（负数为净收益）		

制表：　　　　　　　　　　　　　　　　审核：

⑫ 23 日，收到广州盛丰电器有限公司投资全新不需安装滤筒机设备一台，协商价 300 000 元，增值税 51 000 元，合计 351 000 元，见表 5-37～表 5-41。

表 5-37

4400091140

广东省增值税专用发票

№ 56789878

发　票　联

开票日期：2013 年 11 月 23 日

购货单位	名　　称：广州格林电器有限公司 纳税人识别号：440105664017608 地 址 电 话：广州市皇甫大道 68 号 开户行及账号：工行越秀支行 4895 9104 0031 9191	密码区	3＜＞20-3+8+7＜+5-2+487＜ 加密版本号： 4＞+6059/3477626-/-+/8＞ 33 1＜12/5＜1++/28220*49/0 3240023888 6＞5＜24-＞＞3*05/＞＞92 07881134

货物或应税劳务名称	规格型号	单位	数量	单价	金额	税率	税额
滤筒机 B		台	1	300000	300000.00	17%	51000.00
合　　计					300000.00		51000.00
价税合计（大写）	⊗叁拾伍万壹仟元整						（小写）¥351000.00

销货单位	名　　称：广州盛丰电器有限公司 纳税人识别号：440102708221345 地 址 电 话：广州市环市路 287 号 开户行及账号：建行广州市环市路办事处	备注	广州盛丰电器有限公司 440102708221345 发票专用章

第三联：发票联 购货方记账凭证

收款人：张晓　　　　复核：周爱容　　　　开票人：李华　　　　销货单位：（章）

表 5-38

4400091140　　**广东省增值税专用发票**　　№ 56789878

抵 扣 联

全国统一发票监制章 广东省 国家税务局监制

开票日期：2013 年 11 月 23 日

<table>
<tr><td>购货单位</td><td colspan="4">名　　称：广州格林电器有限公司
纳税人识别号：440105664017608
地 址 电 话：广州市皇甫大道 68 号
开户行及账号：工行越秀支行
4895 9104 0031 9191</td><td>密码区</td><td colspan="3">3＜＞20-3+8+7＜+5-2+487＜ 加密版本号：
4＞+6059/3477626-/-+/8＞ 33
1＜12/5＜1++/28220*49/0 3240023888
6＞5＜24-＞＞3*05/＞＞92 07881134</td><td rowspan="4">第二联：抵扣联购货方扣税凭证</td></tr>
<tr><td>货物或应税劳务名称
滤筒机 B
合　计</td><td>规格型号</td><td>单位
台</td><td>数量
1</td><td>单价
300000</td><td colspan="2">金额
300000.00
300000.00</td><td>税率
17%</td><td>税额
51000.00
51000.00</td></tr>
<tr><td>价税合计（大写）</td><td colspan="8">⊗叁拾伍万壹仟元整　　（小写）¥351000.00</td></tr>
<tr><td>销货单位</td><td colspan="4">名　　称：广州盛丰电器有限公司
纳税人识别号：440102708221345
地 址 电 话：广州市环市路 287 号
开户行及账号：建行广州市环市路办事处</td><td>备注</td><td colspan="3"></td></tr>
</table>

收款人：张晓　　复核：周爱容　　开票人：李华　　销货单位：（章）

广州盛丰电器有限公司 440102708221345 发票专用章

表 5-39

固定资产验收单

统一编号：　　　　　　本厂编号：

<table>
<tr><td rowspan="12">计划管理部门</td><td>设备名称</td><td></td><td>电动机</td><td colspan="3">台</td></tr>
<tr><td>型号</td><td></td><td>总动率</td><td colspan="3"></td></tr>
<tr><td>规格</td><td></td><td>出厂编号</td><td></td><td>出厂日期</td><td>2013.01.14</td></tr>
<tr><td>制造厂</td><td>深圳光辉机械有限公司</td><td>自重量</td><td>kg</td><td>始用日期</td><td>2013.11.23</td></tr>
<tr><td>型尺寸</td><td></td><td>使用部门</td><td></td><td>施工工号</td><td></td></tr>
<tr><td colspan="6">随　机　附　件</td></tr>
<tr><td>名称</td><td>型号规格</td><td>数量</td><td>名称</td><td>型号规格</td><td>数量</td></tr>
<tr><td></td><td></td><td></td><td></td><td></td><td></td></tr>
<tr><td></td><td></td><td></td><td></td><td></td><td></td></tr>
<tr><td></td><td></td><td></td><td></td><td></td><td></td></tr>
<tr><td>说明书</td><td></td><td>装箱单</td><td></td><td>图纸</td><td></td></tr>
<tr><td>合格证</td><td></td><td>精度单</td><td></td><td>资料验收入</td><td></td></tr>
<tr><td rowspan="3">固定资产管理部门</td><td>设备隶属</td><td colspan="3"></td><td>复杂系数</td><td>机电</td></tr>
<tr><td>设备类别</td><td colspan="3"></td><td>使用年限</td><td>10 年</td></tr>
<tr><td>精度等级</td><td colspan="3">提高级、标准级、降低级</td><td>分类划级</td><td>类级</td></tr>
<tr><td rowspan="2">财务处</td><td>设备费</td><td colspan="3"></td><td>安装及其他费</td><td></td></tr>
<tr><td>原值合计</td><td colspan="3"></td><td>资产来源</td><td>投资转入</td></tr>
<tr><td>验收意见</td><td colspan="6">验收合格
固定资产历产管理部门验收入：李新</td></tr>
</table>

计划管理部门	主管经办人李建	使用部门	主管经办人付强	固定资产管理部门	主管经办人黄琳	财务处	主管经办人李力

验收日期：2013.11.23

表 5-40

固定资产卡片（正面）

固定资产类别：　　　　　　　　　　　　　　　　　　　　卡片编号：

固定资产项目编号：

固定资产项目名称			型号规格或技术特点		建设单位或制造工厂名称	
原　值		其中安装费		预计净残值		
建造日期	年　月		验收日期	年　月	开始使用日期	年　月
年折旧额		年折旧率		月折旧额		
拨入日期		拨入时已使用年限		尚能使用年限		拨入时已使用年限

使用或保管部门变动情况			原价变动记录					附属设备记录				
日　期	凭证	使用或保管部门	日期	凭证	增加	减少		名称	规格	单位	数量	金额
年　月												

表 5-41

固定资产卡片（反面）

计提基本折旧				大修理完工记录				停用复记录		
年度	本期提取	累计提取	净值	日期	凭证	摘要	金额	停用日期	停用原因	复用日期

调出记录	调出日期：　　批准文号： 调往单位： 原　　值： 安 装 费：　　已使用年限：	报废清理记录	清理原因：　　清理日期： 实际使用：　　批准文号： 年　　限： 清理费用：　　变价收入：

备注		建、销卡	日期	经办人
		建卡	年月	
		销卡		

⑬ 25 日，购入需安装注塑机，验收入库，见表 5-42～表 5-45。

表 5-42

4400101140 **广东省增值税专用发票** № 51234123

发 票 联

开票日期：2013 年 11 月 25 日

购货单位	名称：广州市牛牛乳业有限公司 纳税人识别号：440122312560688 地址电话：广州市中山路 18 号 开户行及账号：4077300005699				密码区	3<>20-3+8+7<+5-2+487<加密版本号： 4>+6059/3477626-/-+/8> 33 1<12/5<1++/28220*49/0 3240023888 6>5<24->>3*05/>>92 07881134		
货物或应税劳务名称	规格型号	单位	数量	单价	金额	税率	税额	
注塑机		台	1	500000	500000.00	17%	85000.00	
合计					500000.00		85000.00	
价税合计（大写）	⊗伍拾捌万伍仟元整					（小写）¥585000.00		
销货单位	名称：广州大新机械有限公司 纳税人识别号：440102709881378 地址电话：广州市天河路 207 号 开户行及账号：工行广州市天河路办事处				备注	广州大新机械有限公司 440102709881378 发票专用章		

第三联 发票联 购货方记账凭证

收款人：黄灵　　复核：钱爱华　　开票人：李方　　销货单位：（章）

表 5-43

4400101140 **广东省增值税专用发票** № 51234123

抵 扣 联

开票日期：2013 年 11 月 25 日

购货单位	名称：广州市牛牛乳业有限公司 纳税人识别号：440122312560688 地址电话：广州市中山路 18 号 开户行及账号：4077300005699				密码区	3<>20-3+8+7<+5-2+487<加密版本号： 4>+6059/3477626-/-+/8> 33 1<12/5<1++/28220*49/0 3240023888 6>5<24->>3*05/>>92 07881134		
货物或应税劳务名称	规格型号	单位	数量	单价	金额	税率	税额	
注塑机		台	1	500000	500000.00	17%	85000.00	
合计					500000.00		85000.00	
价税合计（大写）	⊗伍拾捌万伍仟元整					（小写）¥585000.00		
销货单位	名称：广州大新机械有限公司 纳税人识别号：440102709881378 地址电话：广州市天河路 207 号 开户行及账号：工行广州市天河路办事处				备注	广州大新机械有限公司 440102709881378 发票专用章		

第二联 抵扣联 购货方扣税凭证

收款人：黄灵　　复核：钱爱华　　开票人：李方　　销货单位：（章）

表 5-44

商业承兑汇票（存　根）　　3

出票日期（大写）　贰零壹叁年壹拾壹月贰拾伍日　汇票号码：0269119

<table>
<tr><td>出票人全称</td><td colspan="3">广州大新机械有限公司</td><td rowspan="3">收款人</td><td>收　款　人</td><td colspan="10">广州格林电器有限公司</td></tr>
<tr><td>出票人账号</td><td colspan="3">5012-5361-2517-0009</td><td>账号或地址</td><td colspan="10">4895 9104 0031 9191</td></tr>
<tr><td>付款行全称</td><td colspan="3">广州工行民主路办</td><td>开户银行</td><td colspan="10">广州工行越秀支行</td></tr>
<tr><td rowspan="2">出票金额</td><td rowspan="2">人民币（大写）</td><td colspan="4" rowspan="2">伍拾捌万伍仟元整</td><td>千</td><td>百</td><td>十</td><td>万</td><td>千</td><td>百</td><td>十</td><td>元</td><td>角</td><td>分</td></tr>
<tr><td></td><td>¥</td><td>5</td><td>8</td><td>5</td><td>0</td><td>0</td><td>0</td><td>0</td><td>0</td></tr>
<tr><td colspan="2">汇票到期日（大写）</td><td colspan="2">贰零壹叁年叁月壹拾柒日</td><td rowspan="2">付款行</td><td>行号</td><td colspan="10">562132</td></tr>
<tr><td colspan="2">承兑协议编号</td><td colspan="2"></td><td>地址</td><td colspan="10">广州市民主路71号</td></tr>
<tr><td colspan="4">备注：</td><td colspan="12">负责　　经办</td></tr>
</table>

此联由出票人查存

表 5-45

固定资产设备入库单

2013 年 11 月 25 日　　字第 1 号

编号	名称	规格	单位	应收数量	实收数量	单价	金额 十	万	千	百	十	元	角	分	供应单位名称
	合计														

附单据 1 张

会计：　　仓库主管：　　保管：　　验收：　　采购：

⑭ 26 日，交付机修车间安装，见表 5-46。

表 5-46

固定资产设备出库单

接收单位：　　　　　　　　　　年　　月　　日　　　　　　　　　　字第　号

编号	名称	规格	单位	发出数量	单价	金额								供应单位名称
						十	万	千	百	十	元	角	分	
	合计													

附单据　张

会计：　　　　仓库主管：　　　　保管：　　　　发货：

⑮ 27 日，机修车间工人安装设备发生人工工资 1000 元，计提福利费 40 元。工会经费 20 元，职工教育经费 25 元，见表 5-47。

表 5-47

工资费用分配表

年　月　日　　　　　　　　单位：元

应借账户	工　资	福利费	工会经费	职工教育经费	合　计
生产成本——辅助生产成本	1000	40	20	25	1085
合　计	1000	40	20	25	1085

财务主管：　　　　　审核：　　　　　制表：

⑯ 机修车间安装上设备领用材料 1000 元（转出增值税 170 元），见表 5-48。

表 5-48

____字第______________号

领料部门______________

生产通知单号别__________

领　料　单

年　　月　　日

No. 0007001

制品名称：					制造数量：										领料用途：
编号	品名	规格	单位	请领数量	实发数量	单价	金额								备注
							十	万	千	百	十	元	角	分	
附件：				张	合	计									

第二联：交会计部门

主管　　会计　　记账　　发料　　领料　　制单

⑰ 12 月 27 日，上项设备安装完毕，交付注塑车间使用，见表 5-49～表 5-51。

表 5-49

固定资产验收单

统一编号：　　　　　　　　　　　　本厂编号：

计划管理部门	设备名称		电动机	台		
	型号	CX 型	总动率			
	规格		出厂编号		出厂日期	2010.1.14
	制造厂		自重量	kg	始用日期	2010.11.27
	型尺寸		使用部门		施工工号	
	随机附件					
	名称	型号规格	数量	名称	型号规格	数量
	说明书		装箱单		图纸	
	合格证		精度单		资料验收入	

续表

固定资产管理部门	设备隶属					复杂系数	机电
	设备类别					使用年限	10 年
	精度等级					分类划级	类级
财务处	设备费					安装及其他费	
	原值合计					资产来源	
验收意见	验收合格 固定资产历产管理部门验收入：						
计划管理部门	主管经办人李建	使用部门	主管经办人付强	固定资产管理部门	主管经办人	财务处	主管经办人

验收日期：2010.11.27

表 5-50

固定资产卡片（正面）

固定资产类别：　　　　卡片编号：

固定资产项目编号：

固定资产项目名称			型号规格或技术特点				建设单位或制造工厂名称					
原值			其中安装费			预计净残值						
建造日期	年　月		验收日期		年　月		开始使用日期			年　月		
年折旧额			年折旧率			月折旧额						
拨入日期			拨入时已使用年限			尚能使用年限			拨入时已使用年限			
使用或保管部门变动情况			原价变动记录				附属设备记录					
日期	凭证	使用或保管部门	日期	凭证	增加	减少		名称	规格	单位	数量	金额
年　月												

表 5-51

固定资产卡片（反面）

<table>
<tr><td colspan="4">计提基本折旧</td><td colspan="4">大修理完工记录</td><td colspan="3">停用复记录</td></tr>
<tr><td>年 度</td><td>本期提取</td><td>累计提取</td><td>净 值</td><td>日期</td><td>凭证</td><td>摘 要</td><td>金 额</td><td>停用日期</td><td>停用原因</td><td>复用日期</td></tr>
<tr><td></td><td></td><td></td><td></td><td></td><td></td><td></td><td></td><td></td><td></td><td></td></tr>
<tr><td>调出记录</td><td colspan="5">调出日期：　　批准文号：
调往单位：
原　　值：
安 装 费：　　已使用年限：</td><td>报废清理记录</td><td colspan="4">清理原因：　　清理日期：
实际使用：　　批准文号：
年　　限：
清理费用：　　变价收入：</td></tr>
<tr><td rowspan="3">备注</td><td rowspan="3" colspan="7"></td><td>建、销卡</td><td>日期</td><td>经办人</td></tr>
<tr><td>建卡</td><td>年月</td><td></td></tr>
<tr><td>销卡</td><td></td><td></td></tr>
</table>

⑱ 28 日，仓库建造工程完工达到预定可使用状态，估计可使用年限 20 年，补付工程款 300 000 元（支票付款），见表 5-52～表 5-56。

表 5-52

工程竣工验收决算报告

年　月　日　　　　　　　　编号：

<table>
<tr><td>项目名称</td><td>工程批准号</td><td>工程预算数</td><td>工程决算数</td><td>其中：设备费</td><td>材料费用</td><td>工资费用</td><td>其他直接费用</td><td>施工管理费</td></tr>
<tr><td>仓库建造工程</td><td></td><td>500000</td><td>500000</td><td>100000</td><td>250000</td><td>50000</td><td>94000</td><td>6000</td></tr>
<tr><td></td><td></td><td></td><td></td><td></td><td></td><td></td><td></td><td></td></tr>
<tr><td></td><td></td><td></td><td></td><td></td><td></td><td></td><td></td><td></td></tr>
<tr><td colspan="7">新增固定资产</td><td colspan="2"></td></tr>
<tr><td>固　定</td><td>型　号</td><td>单　价</td><td></td><td></td><td colspan="2" rowspan="2">施工单位（盖章）
负责人：胡戈</td><td colspan="2" rowspan="2">实物主管部门（盖章）
负责人：陈波</td></tr>
<tr><td></td><td></td><td></td><td></td><td></td></tr>
<tr><td></td><td></td><td></td><td></td><td></td><td colspan="2" rowspan="5">使用单位（盖章）
负责人：付强</td><td colspan="2" rowspan="5">财会部门（盖章）
负责人：李力</td></tr>
<tr><td></td><td></td><td></td><td></td><td></td></tr>
<tr><td></td><td></td><td></td><td></td><td></td></tr>
<tr><td></td><td></td><td></td><td></td><td></td></tr>
<tr><td></td><td></td><td></td><td></td><td></td></tr>
</table>

表 5-53

固定资产验收单

统一编号：　　　　　　　　　　　　　　　　　　　　　　　　本厂编号：

<table>
<tr><td rowspan="11">计划管理部门</td><td>设备名称</td><td colspan="2"></td><td>电动机</td><td colspan="3"></td></tr>
<tr><td>型　号</td><td colspan="2"></td><td>总动率</td><td colspan="3"></td></tr>
<tr><td>规　格</td><td colspan="2"></td><td>出厂编号</td><td></td><td>出厂日期</td><td></td></tr>
<tr><td>制造厂</td><td colspan="2">广州市第一建筑公司</td><td>自重量</td><td></td><td>始用日期</td><td>2010.11.28</td></tr>
<tr><td>型尺寸</td><td colspan="2"></td><td>使用部门</td><td>仓　库</td><td>施工工号</td><td></td></tr>
<tr><td colspan="7">随　机　附　件</td></tr>
<tr><td>名称</td><td colspan="2">型号规格</td><td>数　量</td><td>名　称</td><td>型号规格</td><td>数　量</td></tr>
<tr><td></td><td></td><td></td><td></td><td></td><td></td><td></td></tr>
<tr><td></td><td></td><td></td><td></td><td></td><td></td><td></td></tr>
<tr><td>说明书</td><td colspan="2"></td><td>装箱单</td><td></td><td>图纸</td><td></td></tr>
<tr><td>合格证</td><td colspan="2"></td><td>精度单</td><td></td><td>资料验收入</td><td></td></tr>
<tr><td rowspan="3">固定资产管理部门</td><td>设备隶属</td><td colspan="4"></td><td>复杂系数</td><td>房　屋</td></tr>
<tr><td>设备类别</td><td colspan="4"></td><td>使用年限</td><td>20 年</td></tr>
<tr><td>精度等级</td><td colspan="4"></td><td>分类划级</td><td>类　级</td></tr>
<tr><td rowspan="2">财务处</td><td>设备费</td><td colspan="4"></td><td>安装及其他费</td><td></td></tr>
<tr><td>原值合计</td><td colspan="4"></td><td>资产来源</td><td>建　造</td></tr>
<tr><td>验收意见</td><td colspan="7">验收合格
固定资产历产管理部门验收入：李新</td></tr>
<tr><td>计划管理部门</td><td>主管经办人：李建</td><td>使用部门</td><td>主管经办人：付强</td><td>固定资产管理部门</td><td>主管经办人：黄琳</td><td>财务处</td><td>主管经办人：李力</td></tr>
</table>

验收日期：2010.11.28

表 5-54

固定资产卡片（正面）

固定资产类别：　　　　　　　　　　　　　　　　　　　　卡片编号：

固定资产项目编号：

固定资产项目名称		型号规格或技术特点		建设单位或制造工厂名称							
原值		其中安装费		预计净残值							
建造日期	年　月	验收日期	年　月	开始使用日期	年　月						
年折旧额		年折旧率		月折旧额							
拨入日期		拨入时已使用年限		尚能使用年限		拨入时已使用年限					
使用或保管部门变动情况			原价变动记录				附属设备记录				
日　期	凭证	使用或保管部门	日期	凭证	增加	减少	名称	规格	单位	数量	金额
年　月											

表 5-55

固定资产卡片（反面）

计提基本折旧				大修理完工记录				停用复记录		
年度	本期提取	累计提取	净值	日期	凭证	摘要	金额	停用日期	停用原因	复用日期
调出记录	调出日期：　批准文号： 调往单位： 原　　值： 安 装 费：已使用年限：					报废清理记录	清理原因：　清理日期： 实际使用：　批准文号： 年　　限： 清理费用：　变价收入：			
备注								建、销卡	日期	经办人
								建卡	年月	
								销卡		

表 5-56

广东省地方税收通用发票（电子）

发票联

电子发票 手写无效

发票代码 2440212651

开票日期：2013-11-28 15:10:30　　行业类别：企业　　发票号码 05867126

付款方名称：广州格林电器有限公司

付款方识别号：440105664017608

收款方名称：广州市第一建筑公司

收款方识别号：440106708212561　　防伪码：09882112439209875432875

主管税务机关：广州市越秀区地方税务局

序号	开票项目说明	金额（元）	备注
1	仓库建筑	500000.00	

合计（大写）：人民币伍拾万圆整　　合计（小写）：¥500000.00

附注：

（印章：广州市第一建筑公司 440106708212561 发票专用章）

本发票可在开票后30天内通过网站、手机、短信等6种补录登记方式，参与"南粤金税"发票抽奖。详情请登录广东地税网站。（广东地税）

No.1104001-4767890　　开票人：孙月　　开票单位盖章：

⑲ 30日盘亏一台电脑，原价4 000元，已提折旧1 472元，经批准核销处理，见表5-57和表5-58。

表 5-57

固定资产盘盈盘亏报告表

编号：12　　年　月　日　　单位：元

<table>
<tr><td rowspan="2">固定资产编号</td><td rowspan="2">固定资产名称</td><td rowspan="2">规格型号</td><td rowspan="2">计量单位</td><td colspan="2">账面</td><td colspan="2">实点</td><td colspan="3">盘盈</td><td colspan="3">盘亏</td><td rowspan="2">原因</td></tr>
<tr><td>数量</td><td>原值</td><td>数量</td><td>原值</td><td>数量</td><td>原值</td><td>估计折旧</td><td>数量</td><td>原值</td><td>已提折旧</td></tr>
<tr><td></td><td>电脑</td><td></td><td>台</td><td>1</td><td></td><td>0</td><td></td><td></td><td></td><td></td><td>1</td><td>4000</td><td>1472</td><td>待查</td></tr>
<tr><td></td><td></td><td></td><td></td><td></td><td></td><td></td><td></td><td></td><td></td><td></td><td></td><td></td><td></td><td></td></tr>
<tr><td rowspan="2">处理意见</td><td colspan="5">使用部门：机修车间</td><td colspan="5">清查部门：办公室</td><td colspan="4">审批部门：办公室</td></tr>
<tr><td colspan="5"></td><td colspan="5"></td><td colspan="4"></td></tr>
</table>

单位负责人：陈广　　使用或管理负责人：付强　　财会负责人：李力　　清查负责人：袁鸣

审批处理意见书

经厂部办公会议决定，现同意将盘亏的电脑即日起按照会计准则的有关规定作为营业外支出予以处理，特此通知。

广州格林电器有限公司（盖章）

2013.11.30

表 5-58

固定资产报废单

填报企业：　　　　　　　　　年　　月　　日　　　　　　　　　固废字（7）

<table>
<tr><td rowspan="7">使用部门</td><td>设备编号</td><td>统一</td><td>复杂系数</td><td></td><td rowspan="15">第二联：财务部门</td></tr>
<tr><td>设备名称</td><td>电脑</td><td>始用日期</td><td>2008. 12. 1</td></tr>
<tr><td>型号规格</td><td>奔腾 4</td><td>原值</td><td>4000</td></tr>
<tr><td>设备隶级</td><td></td><td>部使用年限</td><td>5 年</td></tr>
<tr><td>设备类级</td><td>类　　级</td><td>已使用年限</td><td>23 个月</td></tr>
<tr><td>制造厂</td><td></td><td>使用部门</td><td>机修车间</td></tr>
<tr><td>设备现状及报废原因</td><td colspan="3">盘亏报废
主管：黎明　设备员：王画</td></tr>
<tr><td rowspan="3">主管部门</td><td>设备管理员意见</td><td colspan="3">设备管理员：张军</td></tr>
<tr><td>负责人意见</td><td colspan="3">同意报废
主管：黄琳</td></tr>
<tr><td>报废后处理意见</td><td colspan="3"></td></tr>
<tr><td rowspan="2">财务部</td><td>折旧</td><td>1472 元</td><td>净值</td><td>2528 元</td></tr>
<tr><td>财务部意见</td><td colspan="3">同意报废
主管：李力　经办人：黄山</td></tr>
<tr><td colspan="2">企业负责人</td><td colspan="3">同意报废
主管：付强</td></tr>
<tr><td colspan="2" rowspan="2">上级机关审核</td><td>管理员</td><td colspan="2">集团公司</td></tr>
<tr><td></td><td colspan="2"></td></tr>
</table>

报废日期：2010.11.30

⑳ 30日计提本月固定资产折旧（参考资料“固定资产情况表”），见表5-59。

表5-59

固定资产折旧计算表

年　月　日　　　　单位：元

固定资产使用部门	月初应计折旧的固定资产原值	月综合折旧率/‰	月折旧额
基本生产车间			
辅助生产车间			
行政管理部门			
销售部门			
合计			

复　核：　　　　制　单：

㉑ 计提固定资产减值准备（固定资产减值准备一般在年末计提，本题只是试做相关会计处理），见表5-60。

表5-60

固定资产减值准备计算表

年　月　日　　　　单位:元

期初固定资产减值准备	6304	贷　方
期初固定资产原值	13708000	
固定资产已提折旧	1941696	
固定资产净值	11766304	
固定资产可收回金额	11740000	
本期应提减值准备	20000	

复　核：　　　　制　单：

实训五（2）无形资产和长期待摊费用实训

一、实训目的

通过无形资产和长期待摊费用的核算，掌握以下知识技能。

1）无形资产购入、投入、自创的账务处理。

2）无形资产出售、出租的账务处理。

3）无形资产摊销的会计处理。

4）租入固定资产改良支出的核算及其摊销。

二、实训要求

1）无形资产、长期待摊费用采用直线法摊销。

2）根据发生的经济业务，填制有关原始凭证和记账凭证。

3）逐笔登记无形资产总账。

4）规范装订记账凭证。

5）非记账凭证附件的原始凭证另行装订。

三、实训资料

2010 年 12 月，广州格林电器有限公司有关无形资产、长期待摊费用业务如下。

1）1 日，向广州国美电器有限公司销售一项专有技术 E（该技术账面价值 12 万元，累计摊销 4 万），协商价 100 000 元，收款（营业税 5%），见表 5-61～表 5-65。

表 5-61

44010091140　　**广东省增值税专用发票**　　№ 02447771

（印章：全国统一发票监制章 国家税务局监制）

开票日期：2013 年 12 月 01 日

此联不作报销、抵凭证使用扣

购货单位	名称：广州国美电器有限公司 纳税人识别号：440104618428156 地址电话：广州市中华路205号 开户行及账号：工行中华路办 0492-9837-4271			密码区	3＜＞20-3+8+7＜+5-2+487＜ 加密版本号： 4＞+2303/3492347-/-+/8＞　14 1＜12/5＜1++/67341*49/0 63782190 6＞5＜24-＞＞3*05/＞＞92 07882341		
货物或应税劳务名称	规格型号	单位	数量	单价	金额	税率	税额
专有技术收入			1		100000.00	6%	6000.00
合　计					100000.00		6000.00
价税合计（大写）	⊗壹拾万零陆仟元整				（小写）￥106000.00		
销货单位	名称：广州格林电器有限公司 纳税人识别号：440105664017608 地址电话：广州市皇甫大道 68 号 开户行及账号：工行越秀支行 4895 9104 0031 9191			备注			

第一联：记账联 销货方记账凭证

收款人：李华　　复核：李力　　开票人：黄琳　　销货单位（章）

表5-62

无形资产（专有技术E）转让计算表

2013年12月1日

项　目	金额/元	备　注
账面价值	120 000	
已提摊销	40 000	
净值	80 000	
转让收入	100 000	
税费	5 500	
净收益	14 500	

表5-63

中国工商银行转账支票

№ 2152395

出票日期（大写）贰零壹叁年壹拾壹月壹拾陆日　　付款行名称：广州市工行东山路办

收款人：广州格林电器有限公司　　出票人账号：0411-2313-5612

本支票付款期限十天

人民币（大写）	千	百	十	万	千	百	十	元	角	分
壹拾万元整		¥	1	0	0	0	0	0	0	0

用途 专有技术　　科目（借）

上列款项请从　　对方科目（贷）

我账户内支付

出票人签章　广州国美电器有限公司财务专用章　出纳 江山　　复核　　记账

表 5-64

银行进账单（回 单） 1

年 月 日 XV 14456115

<table>
<tr><td rowspan="3">付款人</td><td>全 称</td><td></td><td rowspan="3">收款人</td><td>全 称</td><td colspan="11"></td></tr>
<tr><td>账 号</td><td></td><td>账 号</td><td colspan="11"></td></tr>
<tr><td>开户银行</td><td></td><td>开户银行</td><td colspan="11"></td></tr>
<tr><td rowspan="2">金额</td><td colspan="4" rowspan="2">人民币
（大写）</td><td>亿</td><td>千</td><td>百</td><td>十</td><td>万</td><td>千</td><td>百</td><td>十</td><td>元</td><td>角</td><td>分</td></tr>
<tr><td></td><td></td><td></td><td></td><td></td><td></td><td></td><td></td><td></td><td></td><td></td></tr>
<tr><td>票据种类</td><td></td><td>票据张数</td><td></td><td colspan="12" rowspan="3">中国工商银行股份有限公司广州越秀支行
2013.12.01
核算用章(04)
王山</td></tr>
<tr><td>票据号码</td><td colspan="3"></td></tr>
<tr><td colspan="4">复核 记账</td></tr>
</table>

此联是开户银行交给持（出）票人的回单

表 5-65

营业税、城建税、教育费附加计提表

2013 年 11 月 16 日

项　目	计提基数	计提比例	金额/元
营业税	100 000	5%	
城市维护建设税	5000	7%	
教育费附加	5000	3%	
合计			

制表： 审核：

2）12 月 2 日购入商标权 B（支票付款），见表 5-66。

表 5-66

44010087678

广东省增值税专用发票

№ 04293831

发票联

开票日期：2013 年 11 月 10 日

购货单位	名　　称：广州格林电器有限公司 纳税人识别号：440105664017608 地 址 电 话：广州市皇甫大道 68 号 开户行及账号：工行越秀支行 4895 9104 0031 9191				密码区	3＜＞20-3+8+7＜+5-2+764＜加密版本号： 4＞+6239/3478791-/-+/9＞　67 1<12/5<1++/28220*49/0 3240023220 7>5<31->>3*05/>>92 07836721		
货物或应税劳务名称	规格型号	单位	数量	单价	金额	税率	税额	
商标权			1	150000.00	150000.00	6%	9000.00	
合　计					90000.00		9000.00	
价税合计（大写）	⊗壹伍万玖仟元整				（小写）¥159000.00			
销货单位	名　　称：广州盛丰电器有限公司 纳税人识别号：440102708221345 地 址 电 话：广州市中山路 218 号 开户行及账号：工行中山路支行 4895100033411				备注	广州盛丰电器有限公司 440102708221345 发票专用章		

第三联：发票联　购货方记账凭证

收款人：王明　　复核：李岩　　开票人：杨柳　　销货单位：（章）

3）12 月 3 日，公司将专利权 A 作为投资加入珠海格里电器股份有限公司，见表 5-67。

表 5-67

无形资产调拨单

转入单位：珠海格里电器股份有限公司

转出单位：广州格林电器有限公司　2013 年 12 月 3 日　　单位：元

名　称	单　位	数　量	单　价	金　额	备　注
专利权 A	项	1	250000.00	250000.00	合同规定有效期至2016年12月3日止
合　计				250000.00	

单位主管：付强　　制单：黄琳

投资合同书（简）

接受投资单位：珠海格里电器股份有限公司（甲方）

投资单位：广州格林电器有限公司（乙方）

甲方与乙方为投资事宜协议如下：

1．乙方对甲方以专利权 A 作为投资，双方协议价为人民币**贰拾伍万元整**，签定合同之日交付使用。

2．投资期限为 10 年（法律规定有效期限为 15 年），投资期内不得随意抽回投资。

3．乙方持有甲方注册资本 500 万元的 6%并按比例参与利润的分配。

甲方签章：珠海格里电器股份有限公司　　　　乙方签章：广州格林电器有限公司

法定代表人签名：宁静　　　　法定代表人签名：付强

合同签定时间 2013 年 12 月 3 日　　　　2013 年 12 月 3 日

4）12 月 5 日，技术部研制新技术 C 领用材料 X 为 45 000 元（研究阶段），研制新技术 D 领用材料 Y 为 50 000 元（开发阶段并符合资本化条件），见表 5-68 和表 5-69。

表 5-68

____字第______________号

领料部门__________

生产通知单号别__________

领　料　单

2013 年 12 月 05 日

No. 0007117

制品名称：新型技术 C　　　　制造数量：　　　　领料用途：研究新技术 C

编号	品名	规格	单位	请领数量	实发数量	单价	金额								备注
							十	万	千	百	十	元	角	分	
	材料X		千克		100	45.00		4	5	0	0	0	0	0	
附件：				张	合	计	¥	4	5	0	0	0	0	0	

第二联：交会计部门

主管：　　会计：　　记账：　　发料：　　领料：　　制单：

表 5-69

____字第______________号
领料部门______________
生产通知单号别__________

领 料 单

2013 年 12 月 05 日　　　　No. 0007118

制品名称：新型技术 D		制造数量：					领料用途：研究新产品								
编号	品名	规格	单位	请领数量	实发数量	单价	金额								备注
							十	万	千	百	十	元	角	分	
	材料 Y		千克		1000	50		5	0	0	0	0	0	0	
附件：				张	合计		¥	5	0	0	0	0	0	0	

第二联：交会计部门

主管：　　会计：　　记账：　　发料：　　领料：　　制单：

5）8 日，研究人员工资 100 000 元，计提福利费 5 000 元，工会经费 2 000 元，职工教育经费 2 500 元，见表 5-70。

表 5-70

工资费用分配表

年　月　日　　　　单位：元

应借账户	工　资	福　利　费	工会经费	职工教育经费	合　计
研发支出——费用化支出	30000	1500	600	750	32850
研发支出——资本化支出	70000	3500	1400	1750	76650
合　计	100000	5000	2000	2500	109500

财务主管：　　审核：　　制表：

6）12 月 10 日，新技术 D 研制成功，支付申请技术专利律师咨询费（支票），见表 5-71 和表 5-72。

表 5-71

4401124140　　　　**广东省增值税专用发票**　　　　№ 14102934

抵 扣 联　　　　开票日期：2013 年 12 月 10 日

购货单位	名　　称：广州格林电器有限公司 纳税人识别号：440105664017608 地 址 电 话：广州市皇甫大道 68 号 开户行及账号：工行越秀支行 4895 9104 0031 9191				密码区	3<>10-3+8+7<+5-2+487< 加密版本号： 4>+6039/3412626-/-+/7> 13 1<12/5<1++/28220*49/0 3240023220 6>4<23->>3*05/>>92 07881679		
货物或应税劳务名称	规格型号	单位	数量	单价	金额		税率	税额
律师服务费				15000.00	15000.00		6%	900.00
合计					￥15000.00			￥900.00
价税合计（大写）	⊗壹万伍仟玖佰圆整　　（小写）￥15900.00							
销货单位	名　　称：广州方圆律师事务所 纳税人识别号：4401041970608124 地 址 电 话：广州大南路 100 号 开户行及账号：工商银行越秀支行 4000010331763				备注	广州方圆律师事务所 4401041970608124 发票专用章		

收款人　赵华　　　复核　李珊　　　开票人　王林　　　销货单位　（章）

第二联　抵扣联　购货方扣税凭证

4401124140　　　　**广东省增值税专用发票**　　　　№ 14102934

发 票 联　　　　开票日期：2013 年 12 月 10 日

购货单位	名　　称：广州格林电器有限公司 纳税人识别号：440105664017608 地 址 电 话：广州市皇甫大道 68 号 开户行及账号：工行越秀支行 4895 9104 0031 9191				密码区	3<>10-3+8+7<+5-2+487< 加密版本号： 4>+6039/3412626-/-+/7> 13 1<12/5<1++/28220*49/0 3240023220 6>4<23->>3*05/>>92 07881679		
货物或应税劳务名称	规格型号	单位	数量	单价	金额		税率	税额
律师服务费				15000.00	15000.00		6%	900.00
合计					￥15000.00			￥900.00
价税合计（大写）	⊗壹万伍仟玖佰圆整　　（小写）￥15900.00							
销货单位	名　　称：广州方圆律师事务所 纳税人识别号：4401041970608124 地 址 电 话：广州大南路 100 号 开户行及账号：工商银行越秀支行 4000010331763				备注	广州方圆律师事务所 4401041970608124 发票专用章		

收款人　赵华　　　复核　李珊　　　开票人　王林　　　销货单位　（章）

第三联　发票联　购货方记账凭证

表 5-72

广东省行政事业性收费统一票据

Administraion and Enteprisn Chag miart Ince of Guangdong Province

2013 年 12 月 10 日 AD04678912

缴款单位（人）：广州格林电器有限公司 Y M D

Payer

执收单位代码 Unit Word	项目编码 Iten Code	项目名称 Chatgc Item	计费单位 Unit	计费数量 Quantiy	收费标准 Gnange Sandard	金额（元） Amount
	技术专利	专利注册费	项	1		3000.00
合计人民币（大写）	叁仟元整				¥3000.00	
缴款通知书编号 Advice Note No.		收款方式 Acnedt hethod		备注 Notes		

第二联 收据

广州市知识产权局 收费专用章

收款单位（盖章） Receiver（SeaL） 开票人：许桂花 Drawer 收款人：杨丽娟 Pavrs 广东省财政厅印制

7）12 月 13 日，收到技术 G 转让使用权收入，见表 5-73 和表 5-74。

表 5-73

44010091140 **广东省增值税专用发票** № 02447775

开票日期：2013 年 12 月 13 日

此联不作报销、抵凭证使用扣

购货单位	名称：深圳舒宁电器有限公司 纳税人识别号：4403001567809374 地址电话：深圳市深南路 89 号 开户行及账号：工行深南路办 0446-3762-1294			密码区	3＜＞20-3+8+7＜+5-2+487＜ 加密版本号： 4＞+3103/3414347-/-+/8＞ 23 1＜12/5＜1++/61241*49/0 63783456 7＞6＜24-＞＞3*17/＞＞92 07882671		
货物或应税劳务名称	规格型号	单位	数量	单价	金额	税率	税额
专有技术使用权收入					180000.00	6%	10800.00
合计					180000.00		10800.00
价税合计（大写）	⊗壹捌拾万零捌元整				（小写）￥106000.00		
销货单位	名称：广州格林电器有限公司 纳税人识别号：440105664017608 地址电话：广州市皇甫大道 68 号 开户行及账号：工行越秀支行 4895 9104 0031 9191			备注			

第一联：记账联 销货方记账凭证

收款人：李华 复核：李力 开票人：黄琳 销货单位（章）

表 5-74

中国工商银行 电汇凭证（收款通知） 3

委托日期 2013 年 12 月 13 日　　第 0954317 号

<table>
<tr><td rowspan="3">付款人</td><td>全称</td><td>深圳舒宁电器有限公司</td><td rowspan="3">收款人</td><td>全称</td><td colspan="11">广州格林电器有限公司</td></tr>
<tr><td>账号</td><td>0015-1188-82331121</td><td>账号</td><td colspan="11">440105664017608</td></tr>
<tr><td>汇出地点</td><td>深圳红菱路 150 号</td><td>汇入地点</td><td colspan="11">广州市皇甫大道 68 号</td></tr>
<tr><td colspan="2">汇出行名称</td><td>深圳工行红菱路办</td><td colspan="2">汇入行名称</td><td colspan="11">广州工行越秀支行</td></tr>
<tr><td rowspan="2">金额</td><td rowspan="2">人民币（大写）</td><td colspan="3" rowspan="2">壹拾捌万元整</td><td></td><td>千</td><td>百</td><td>十</td><td>万</td><td>千</td><td>百</td><td>十</td><td>元</td><td>角</td><td>分</td></tr>
<tr><td></td><td></td><td>¥</td><td>1</td><td>8</td><td>0</td><td>0</td><td>0</td><td>0</td><td>0</td><td>0</td></tr>
<tr><td colspan="3">汇款用途：购货</td><td colspan="2">支付密码</td><td colspan="11"></td></tr>
<tr><td colspan="3">上列款项请在本人的账户内支付，并按照汇兑结算规定汇给收款人。
（中国工商银行股份有限公司广州越秀支行 2013.12.13 核算用章(04) 王山）
汇款人签章</td><td colspan="13">附加信息及用途：
复核　　记账</td></tr>
</table>

此联是汇入银行给收款单位的凭单

8）计算转让专有技术 G 使用权应交的税金，见表 5-75。

表 5-75

无形资产转让税金计算单

2013 年 12 月 13 日　　单位：元

税费名称	计征基数（1）	税率费（2）	应纳税费（3）=（1）×（2）	备注
营业税	180000.00	5%	9000.00	
城市维护建设税	9000.00	7%	630.00	
教育费附加	9000.00	3%	270.00	
合计			9900.00	

审核：李力　　制单：黄琳

9）结转提供专有技术 G 使用权服务人员工资及相关费用，见表 5-76。

表 5-76

工资费用分配表

年 月 日　　　　单位：元

应借账户	工　资	福利费	工会经费	职工教育经费	合　计
其他业务成本	5000.00	250.00	100.00	125.00	5475.00
合计	5000.00	250.00	100.00	125.00	5475.00

财务主管：　　　　审核：　　　　制表：

10）12 月 20 日，支付租入（租期 2 年）专设销售机构办公室装修费 60 000 元（支票），见表 5-77。

表 5-77

广东省地方税收通用发票（电子）　电子发票 手写无效

发票联

发票代码　2440212651

开票日期：2013-12-30 15:10:30　　行业类别：企业　　发票号码　05867187

付款方名称：广州格林电器有限公司

付款方识别号：440105664017608

收款方名称：广州市第一建筑公司

收款方识别号：440106708212561

主管税务机关：广州市越秀区地方税务局　　防伪码：09882112439209875432988

序号	开票项目说明	金额（元）	备注
1	装修费	60000.00	

合计(大写)：人民币陆万圆整　　合计（小写）：¥60000.00

附注：

广州市第一建筑公司 440106708212561 发票专用章

本发票可在开票后 30 天内通过网站、手机、短信等 6 种补录登记方式，参与“南粤金税”发票抽奖。详情请登录广东地税网站（广东地税）

No.1104001-4767921　　开票人：孙月　　开票单位盖章：

11）12月31日，摊销租入销售部办公室装修费（按租赁期2年摊销），见表5-78。

表5-78

长期待摊费用摊销计算表

2013年12月31日　　　　单位：元

名　称	账面价值	摊　销　期	月摊销额	摊余价值	备　注
销售部办公室装修费	60000.00	2年	2500.00	57500.00	
合　计	60000.00	2年	2500.00	57500.00	

审核：　　　　制单：

12）月末，结转研发支出，见表5-79。

表5-79

无形资产研发支出表

2013年12月31日

名　称	期初余额	本期发生	符合资本化条件	备　注
专利技术C		85500		
专利技术D	46850	153150	200000.00	其中的18000元律师等费用已计入专利技术D
合　计				

审核：　　　　制单：

13）报废专利权X（该专利权已无任何市场，予以报废），其账面余额为90 000元，累计摊销为36 000元，计提的减值准备为50 000元，见表5-80。

表 5-80

无形资产（专利权 X）报废表

2013 年 12 月 31 日

项　　目	金额/元	备　　注
账面价值	90000.00	该专利权已长期无市场，予以报废
摊销期	10 年	
月摊销额	750.00	
累计摊销	36000.00	
摊余价值	54000.00	
减值准备	50000.00	
净值	4000.00	

审批：付强　　　　复核：李力　　　　制单：黄琳

14）12 月 31 日摊销无形资产，见表 5-81。

表 5-81

无形资产摊销计算表

2013 年 12 月 31 日

名　　称	账面价值	摊销期	月摊销额	累计摊销	摊余价值	备注（直线法）
专利权 A						已对外投资
专利权 X						已报废
专利权 D	200000	10	1666.67	1666.67	198333.33	
专利权 G	300000	10	2500	50000	250000	本月已出让使用权
专有技术 F	240000	10	2000	18000	222000	
商标权 A	600000	10	5000	75000	525000	
商标权 B	150000	10	1250	1250	148750	
合　　计	1490000		12416.67	145916.67	1344083.33	

审核：　　　　制单：

15）期末，计提无形资产减值准备，见表 5-82。

表 5-82

无形资产减值准备计算表

2013 年 12 月 31 日

名　　称	账面价值	摊余价值	预计可收回金额	减 值 额	月初减值准备	本期应提减值
专利权 A						
专利权 X						
专利权 D	200000	198333.33	198333.33			
专利权 G	300000	250000	250000			
专有技术 F	240000	222000	200000	22000		
商标权 A	600000	525000	525000			
商标权 B	150000	148750	148750			
合计	1490000	1344083.33	1322083.33	22000	8000	14000

审核：　　　　　　　　　　　　　　　　制单：

实训五（3）固定资产及长期资产核算岗位长期股权投资实训

一、实训目的

通过长期股权投资的实训，掌握长期股权投资成本法、权益法的核算。

二、实训要求

1）根据发生的经济业务，填制有关原始凭证和记账凭证。
2）逐笔登记长期股权投资总账。
3）规范装订记账凭证。
4）非记账凭证附件的原始凭证另行装订。

三、实训资料

1）2012 年 12 月 1 日，购入沪平煤股份 20 000 股，准备长期持有（不具重大影响、成本法），印花税及手续费 3‰，见表 5-83。

表 5-83

广发证券环市路营业部成交过户交割单

日期：2012 年 12 月 01 日　　股东账号：0070737532

股东姓名：广州格林电器有限公司	业务名称：证券买入
股票代码：　601666	合同号：62143
股票名称：平煤股份	成交编号：812886
买卖方向：买入	申报时间：14：30：00
成交价格：26.00	成交时间：14：35：00
成交数量：20000 股	佣金：
成交金额：520 000.00	印花税：1560.00
实际收付：523 120.00	过户费：1560.00
	其他费用：0.00
	备注：证券买入
	打印时间：2012 年 12 月 01 日
经办单位：广发证券环市路营业部	客户签名：　苏蕾

（印章：广发证券环市路营业部 业务专用章）

2）2013 年 2 月 17 日，收到平煤股份公司宣告发放 2012 年度现金股利的通知：每 10 股 2 元。

平顶山天安煤业股份有限公司 2012 年度分红派息公告

根据公司股东大会决议，现将本公司 2012 年期末分红派息实施办法公告如下：

一、公司2009年度利润分配方案：

公司2009年年末利润按每10股派2元(含税)的方案向全体股东分配现金股利，剩余期末未分配利润转以后年度分配。

二、分红派息具体实施办法：

1. 股权登记日：2013-02-17
2. 股权除息日：2013-02-18
3. 红利发放日：2013-02-26
4. 每股税前红利金额：0.20元
5. 每股税后红利金额：持流通股的个人股东，本公司按10%的税率代扣个人所得税，实际每股派发现金红利0.18元；持流通股的机构投资者，实际发放红利0.20元。对国家股、法人股股东，实际每股发放红利0.20元。
6. 发放范围：截止2012年12月31日收市后在上海证券中央登记结算公司登记在册的本公司全体股东。

平顶山天安煤业股份有限公司董事会

2013 年 02 月 17 日

3）2 月 26 日，收到平顶山天安煤业股份有限公司现金股利，见表 5-84。

表 5-84

广发证券环市路营业部成交过户交割单	
股东账号：0070737532	业务名称：股息入账
日期：2013 年 02 月 26 日	合同号：
股东姓名；广州格林电器有限公司	成交编号：
股票代码：601666	申报时间：
股票名称：平煤股份	成交时间：10：10：00
买卖方向：买入	佣金：0.00
成交价格：0.00	印花税：0.00
成交数量：0.00	过户费：0.00
成交金额：	其他费用：0.00
实际收付：4000.00	备注：股息入账
	打印时间：2013 年 02 月 26 日
经办单位：广发证券环市路营业部	客户签名：李民

（印章：广发证券环市路营业部 业务专用章）

4）2013 年 7 月 17 日，收到平煤股份公司宣告发放 2013 年中期现金股利的通知：每 10 股 1 元。

平顶山天安煤业股份有限公司 2013 中期分红派息公告

根据公司股东大会决议，现将本公司 2013 年中期分红派息实施办法公告如下：

一、公司 2010 年中期利润分配方案：

公司 2010 年中期利润按每 10 股派 1 元(含税)的方案向全体股东分配现金股利，剩余期末未分配利润转以后年度分配。

二、分红派息具体实施办法：

1. 股权登记日：2013 年 07 月 17 日

2. 除息日：2013 年 07 月 18 日

3. 红利发放日：2013 年 07 月 26 日

4. 每股税前红利金额：0.10 元

5. 每股税后红利金额：持流通股的个人股东，本公司按 10%的税率代扣个人所得税，实际每股派发现金红利 0.09 元；持流通股的机构投资者，实际发放红利 0.10 元。对国家股、法人股股东，实际每股发放红利 0.10 元。

6. 发放范围：截止 2013 年 06 月 30 日收市后在上海证券中央登记结算公司登记在册的本公司全体股东。

平顶山天安煤业股份有限公司董事会

2013 年 07 月 17 日

5）2012年3月1日，根据广州格林电器有限公司与中山万宝家电有限公司签署的投资协议（非同一控制），格林电器有限公司投资中山万宝家电有限公司现金220万元，滤筒机一台，原价60万元，已提折旧1万元（该机器于2009年1月5日购入，公允价值60万元）。投资享有注册资本600万元的50%（权益法），见表5-85～表5-87。

表5-85

中国工商银行信汇凭证（回单） 3

委托日期 2012年3月1日

<table>
<tr><td rowspan="3">汇款人</td><td>全 称</td><td colspan="3">广州格林电器有限公司</td><td rowspan="3">收款人</td><td>全 称</td><td colspan="9">中山万宝家电有限公司</td></tr>
<tr><td>账号或住址</td><td colspan="3">4895 9104 0031 9191</td><td>账号或住址</td><td colspan="9">0115 3310 2423 4567</td></tr>
<tr><td>汇出地点</td><td>广州市</td><td>汇出行全 称</td><td>广州市工行越秀支行</td><td>汇入地点</td><td>中山市</td><td colspan="3">汇入行全 称</td><td colspan="5">市工行南山办</td></tr>
<tr><td rowspan="2">金额</td><td colspan="6" rowspan="2">人民币（大写） 贰佰贰拾万元整</td><td>百</td><td>十</td><td>万</td><td>千</td><td>百</td><td>十</td><td>元</td><td>角</td><td>分</td></tr>
<tr><td>2</td><td>2</td><td>0</td><td>0</td><td>0</td><td>0</td><td>0</td><td>0</td><td>0</td></tr>
<tr><td colspan="7" rowspan="2">款项已汇入收款人账户
中国工商银行股份有限公司广州越秀支行 2012.03.01 核算用章(04) 王山
汇入行签章</td><td>支付密码</td><td colspan="8"></td></tr>
<tr><td colspan="9">附加信息及用途
投资款
复核 记账</td></tr>
</table>

此联汇出行给付款人的回单一的回单

表5-86

中国工商银行（广州越秀支行）付款通知书

日期：2012-03-01

网点号：440127 交易号代码：8501326

<table>
<tr><td colspan="3">单位名称：广州格林电器有限公司</td></tr>
<tr><td colspan="3">账号：4895 9104 0031 9191</td></tr>
<tr><td>摘要：
往来账
邮电费：195.00
手续费：5.00</td><td>金额合计</td><td>CNY200.00</td></tr>
<tr><td>金额合计（大写）</td><td colspan="2">人民币贰佰元整</td></tr>
</table>

中国工商银行股份有限公司广州越秀支行 2012.03.01 核算用章(04) 王山

注：此付款通知书加盖我行业务公章方有效。

流水号:44143180162 经办：4414322

第二联 回单

表 5-87

4400091140 **广东省增值税专用发票** № 02447651

开票日期：2012 年 03 月 01 日

此联不作报销，扣税凭证使用

购货单位	名　　称：中山万宝家电有限公司 纳税人识别号：442003508341212 地 址 电 话：中山市解放 87 号 开户行及账号：工行解放路办 0115331024234567	密码区	3＜＞20-3+8+7＜+5-2+487＜ 加密版本号： 4＞+6059/3499626-/-+/8＞ 14 1＜12/5＜1++/28220*49/0 3240023220 6＞5＜24-＞＞3*05/＞＞92 07881134

货物或应税劳务名称	规格型号	单位	数量	单价	金额	税率	税额
滤筒机		台	1	600000.00	600000.00	17%	102000.00
合　　计					600000.00		102000.00
价税合计（大写）	⊗柒拾万零贰仟元整				（小写）¥702 000.00		

销货单位	名　　称：广州格林电器有限公司 纳税人识别号：440105664017608 地 址 电 话：广州市皇甫大道 68 号 开户行及账号：工行越秀支行 4895 9104 0031 9191	备注	

第一联：记账联　销货方记账凭证

收款人：李华　　复核：李力　　开票人：黄琳　　销货单位（章）

6）2013 年 1 月 5 日，收到中山万宝家电有限公司 2012 年度利润表，净利润为 750 000 元，见表 5-88。

表 5-88

利　润　表

会企 02 表

编制单位：中山万宝家电有限公司　　2012 年度　　单位：元

项　　目	本期金额	上期金额(略)
一、营业收入	9 000 000	
减：营业成本	5 000 000	
营业税金及附加	700 000	
销售费用	1 300 000	
管理费用	900 000	
财务费用	100 000	
资产减值损失		
加：公允价值变动收益（损失以“-”号填列）		
投资收益（损失以“-”号填列）		

续表

项　目	本期金额	上期金额(略)
其中：对联营企业和合营企业的投资收益		
二、营业利润（亏损以“-”号填列）		
加：营业外收入		
减：营业外支出		
其中：非流动资产处置损失		
三、利润总额（亏损总额以“-”号填列）	1 000 000	
减：所得税费用	250 000	
四、净利润（净亏损以“-”号填列）	750 000	

单位负责人：　　　　　　　　会计主管：　　　　　　　　制表：

7）2013 年 1 月 25 日，收到中山万宝家电有限公司分配的利润 35 万元，见表 5-89。

表 5-89

中国工商银行　电汇凭证（收款通知）3

委托日期 2013 年 01 月 25 日　　　　　　第 0954298 号

付款人	全　称	中山万宝家电有限公司	收款人	全　称	广州格林电器有限公司
	账　号	0115 3310 2423 4567		账　号	4895 9104 0031 9191
	汇出地点	中山市解放 87 号		汇入地点	广州市越秀路 53 号
汇出行名称		中山工行解放路办	汇入行名称		广州工行越秀支行

金额	人民币（大写）叁拾伍万元整	千	百	十	万	千	百	十	元	角	分
			¥	3	5	0	0	0	0	0	0

汇款用途：分配利润	支付密码
上列款项请在本人的账户内支付，并按照汇兑结算规定汇给收款人。 2013.01.25 核算用章(04) 王山 汇款人签章	附加信息及用途： 复核　　　　记账

此联是汇入银行给收款单位的凭单

第6章 财务成果核算岗位实训

实训六 财务成果核算岗位实训

一、实训目的

本章主要练习财务成果的核算。

1）掌握企业期间费用、营业外收支的会计处理。

2）掌握月末应交增值税的计算与会计处理。

3）掌握城市维护建设税、教育费附加的核算。

4）掌握所得税的计算与会计处理。

5）掌握月末结转损益类账户的会计处理。

6）掌握年末盈余公积的计提与会计处理。

7）掌握利润的分配与会计处理。

二、实训要求

1）根据发生的经济业务，填制有关原始凭证和记账凭证。

2）注意主要印章的使用（发票专用章、现金收讫章、现金付讫章、预留银行印鉴章及相关人员印章）。

3）登记有关财务费用、管理费用、销售费用、营业外收入、营业外支出等明细账。

4）编制科目汇总表，并根据科目汇总表登记有关总账。

5）规范装订记账凭证。

6）非记账凭证附件及账页另行装订。

三、实训资料

广州格林电器有限公司 2013 年 12 月部分业务如下。

1）12 月 1 日，公司总经理付强报销差旅费 4800 元，余款 400 元退回（原借款 5200 元），见表 6-1 和表 6-2。

表 6-1

旅差费报销单

单位名称　　　　　　　　　　填报日期：2013 年 12 月 01 日

姓　名	付　　强	出　差 地　点	北　　京	出　差 日　期	自 2013 年 10 月 28 日 至 2013 年 11 月 3 日
事由	公差				

日　期			起讫地点		车船费		在途补助			住勤补助			杂（宿）费	备　注
年	月	日	起	讫	类别	金　额	行程时间	标准	金　额	日数	标准	金　额		
2013	10	28	广州	北京		1500 00	小时			6	40	240 00	1000 00	
	11	3	北京	广州		1500 00	小时						800 00	
							小时							
							小时							
以上单据共　10　张　总计金额人民币(大写)肆　仟　捌　佰　零　拾　零　元　零　角　零　分													经盖领人章	付强
预支旅费人民币¥5 200 元，缴回现金人民币¥400 元														

主管　　　　审核李力　　　　　出纳李华　　　　　填报人付强

表 6-2

现金收入凭单

第　　号

附件　5　张　　　　　　2013 年 12 月 01 日

对方科目 编　　号	

用　　款 事　　项:交回多余差旅费	
人民币 （大写）	: 肆佰元整　　　　　　　　　　¥400.00

收款人 付强 （签章）	主管 人员：李力 （签章）	会计 人员：黄琳 （签章）	出纳员 收　讫：李华 （签章）

2）9日，以库存现金1000元购买印花税票，见表6-3～表6-5。

表6-3

现金支出凭单　　　　第　　号

附件 1 张	2013年12月09日	对方科目编号	
用款事项：印花税票			
人民币（大写）：壹仟元整	¥1000.00		
付款人 龙敏（签章）	主管人员：李力（签章）	会计人员：黄琳（签章）	出纳员收讫：李华（签章）

表6-4

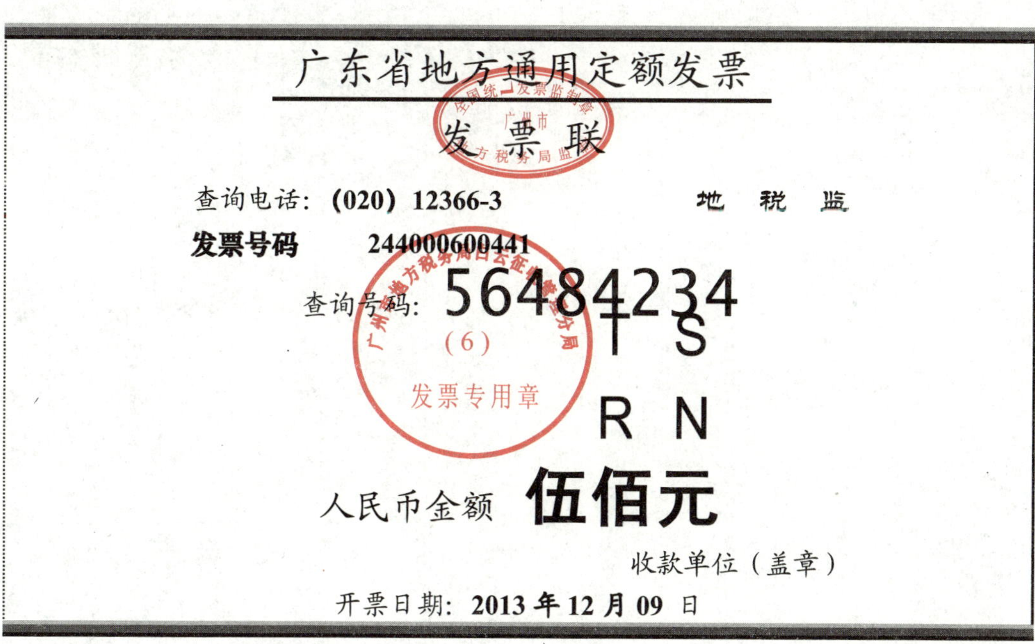

广东省地方通用定额发票

发票联

查询电话：(020) 12366-3　　地　税　监

发票号码　244000600441

查询号码：56484234

T S

R N

人民币金额　伍佰元

收款单位（盖章）

开票日期：2013年12月09日

表 6-5

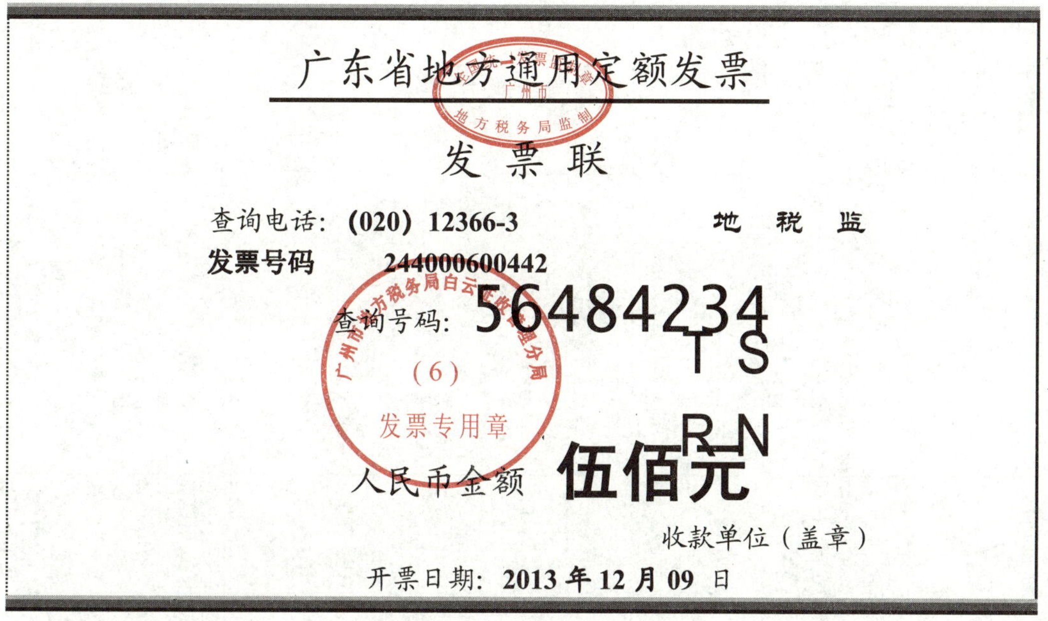

广东省地方通用定额发票

发票联

查询电话：(020) 12366-3　　地　税　监

发票号码　244000600442

查询号码：56484234 TS RN

人民币金额　伍佰元

收款单位（盖章）

开票日期：2013 年 12 月 09 日

3）支付银行结算手续费，见表 6-6。

表 6-6

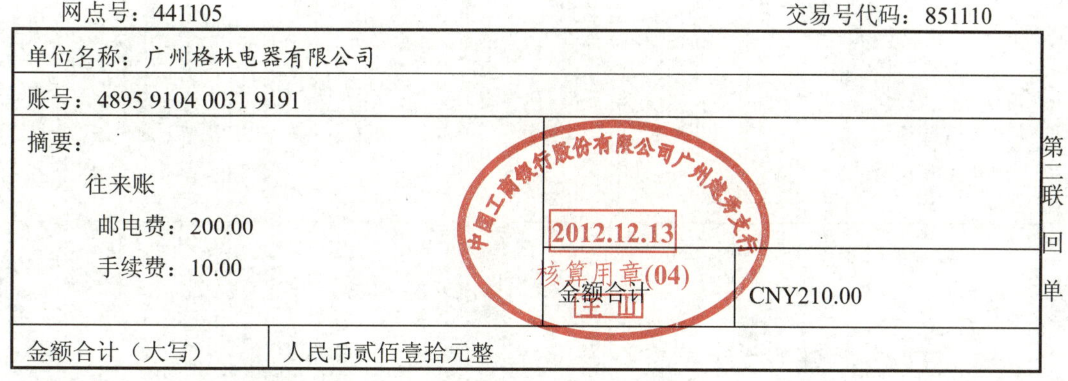

中国工商银行（广州越秀支行）付款通知书

日期：2013-12-13

网点号：441105　　交易号代码：851110

单位名称：广州格林电器有限公司			
账号：4895 9104 0031 9191			
摘要： 往来账 邮电费：200.00 手续费：10.00		金额合计	CNY210.00
金额合计（大写）	人民币贰佰壹拾元整		

第二联 回单

注：此付款通知书加盖我行业务公章方有效。

流水号：44143180921　　经办：4414318

4）19 日，向广州国美电器有限公司提供一项专有技术使用权，协商价 80 000 元，收支票（营业税 5%），见表 6-7～表 6-10。

表 6-7

广东省地方税收通用发票（电子） 电子发票 手写无效

记账联

发票代码 5611215234

开票日期：2013-12-19 09:20:31　　行业类别:企业　　发票号码 06799784

付款方名称：广州国美电器有限公司
付款方识别号：440104618428156
收款方名称：广州格林电器有限公司
收款方识别号：440105664017608
主管税务机关：广州市越秀区地方税务局　　防伪码：09882112439214462573999

序号	开票项目说明	金额（元）	备注
1	专有技术使用权收入	80000.00	

合计（大写）：人民币壹捌万圆整　　合计（小写）：￥80000.00
附注：

本发票可在开票后 30 天内通过网站、手机、短信等 6 种补录登记方式，参与“南粤金税”发票抽奖。详情请登录广东地税网站。（广东地税）

No.1104001-47648991　　开票人：苏洋　　开票单位盖章：

表 6-8

中国工商银行转账支票

№ 2152395

出票日期（大写）贰零壹零年壹拾贰月壹拾玖日　　付款行名称：广州市工行东山路办
收款人：广州格林电器有限公司　　出票人账号：0411-2313-5612

本支票付款期限十天

人民币（大写）	千	百	十	万	千	百	十	元	角	分
捌万元整			￥	8	0	0	0	0	0	0

用途专有技术　　科目（借）
上列款项请从　　对方科目（贷）
我账户内支付
出票人签章　　广州国美电器有限公司财务专用章　　出纳 江山　　复核　　记账

表 6-9

银行进账单 （回 单） 1

年 月 日 XV 14359715

<table>
<tr><td rowspan="3">付款人</td><td>全 称</td><td></td><td rowspan="3">收款人</td><td>全 称</td><td colspan="11"></td></tr>
<tr><td>账 号</td><td></td><td>账 号</td><td colspan="11"></td></tr>
<tr><td>开户银行</td><td></td><td>开户银行</td><td colspan="11"></td></tr>
<tr><td rowspan="2">金额</td><td colspan="4" rowspan="2">人民币
（大写）</td><td>亿</td><td>千</td><td>百</td><td>十</td><td>万</td><td>千</td><td>百</td><td>十</td><td>元</td><td>角</td><td>分</td></tr>
<tr><td></td><td></td><td></td><td></td><td></td><td></td><td></td><td></td><td></td><td></td><td></td></tr>
<tr><td>票据种类</td><td></td><td>票据张数</td><td></td><td colspan="12" rowspan="3">中国工商银行股份有限公司广州越秀支行
2012.12.19
核算用章(04)
王山</td></tr>
<tr><td>票据号码</td><td colspan="3"></td></tr>
<tr><td colspan="4">复核 记账</td></tr>
</table>

此联是开户银行交给持（出）票人的回单

表 6-10

营业税、城建税、教育费附加计提表

2010 年 12 月 19 日

项 目	计提基数	计提比例	金额/元
营 业 税	80 000	5%	
城 建 税	4 000	7%	
教育费附加	4 000	3%	
合 计			

制表： 审核：

5）19日，销售部门报销办公费500元(库存现金)，见表6-11和表6-12。

表6-11

国税 广州市好又多（广源）百货商业广场有限公司销售发票

发票联

发票代码 166110287861

发票号码 00123651

交易序号：538

收银员/机：057

客户编号：

客户名称：广州格林电器有限公司

日期/时间：2013/12/19 13:00

品名规格	单　位	数　量	含税单价	含税总价	备　注
纸				300.00	
笔				200.00	
合计人民币(大写)(超佰万元无效)	⊗伍佰元整			￥500.00	
制票：9002	记账：	复核：	收款：	发票专用章：	
商场地址及电话：广州市广源新村景泰直街83号		邮编：510405		Tel：86382121	

第二联：发票联

表6-12

现金支出凭单　　第　　号

附件 1 张　　2010年12月19日　　对方科目编号：

用款事项：购买办公用品（销售部门用）			
人民币（大写）：伍佰元整		￥500.00	
付款人 刘星（签章）	主管人员：李力（签章）	会计人员：黄琳（签章）	出纳员收讫：李华（签章）

6）21 日，支付广告费 80 000 元（支票），见表 6-13。

表 6-13

4401054531　　**广东省增值税专用发票**　　№ 01236789

发　票　联　　开票日期：2013 年 12 月 21 日

购货单位	名　　称：广州明芝乳业有限公司 纳税人识别号：440122312560611 地 址 电 话：广州白云区白云大道 18 号 开户行及账号：0012-0015-8693			密码区	5＜＞20-3+8+7＜+5-2+127＜ 加密版本号： 3＞+4059/3472611-/-+/9＞ 57 1＜12/5＜1++/28220*49/0 8791223191 7＞5＜14-＞＞3*05/＞＞92 23756901		
货物或应税劳务名称	规格型号	单位	数量	单价	金额	税率	税额
广告费				80000.00	80000.00	6%	4800.00
合　计					￥80000.00		￥4800.00
价税合计（大写）	⊗捌万肆仟捌佰圆整				（小写）￥84800.00		
销货单位	名　　称：广州日报社报业经营有限公司 纳税人识别号：440100687667300 地 址 电 话：广州市环市路 230 号 开户行及账号：工行广州市环市路支行			备注	440100687667300 发票专用章		

收款人　李琳　　复核　夏天　　开票人　张军　　销货单位（章）

第三联 发票联 购货方记账凭证

4401054531　　**广东省增值税专用发票**　　№ 01236789

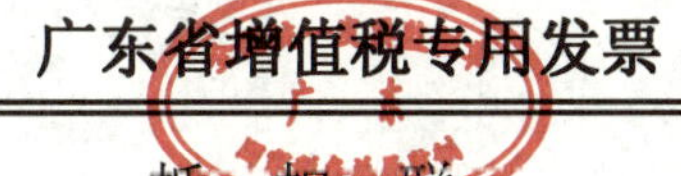

抵　扣　联　　开票日期：2013 年 12 月 21 日

购货单位	名　　称：广州明芝乳业有限公司 纳税人识别号：440122312560611 地 址 电 话：广州白云区白云大道 18 号 开户行及账号：0012-0015-8693			密码区	5＜＞20-3+8+7＜+5-2+127＜ 加密版本号： 3＞+4059/3472611-/-+/9＞ 57 1＜12/5＜1++/28220*49/0 8791223191 7＞5＜14-＞＞3*05/＞＞92 23756901		
货物或应税劳务名称	规格型号	单位	数量	单价	金额	税率	税额
广告费				80000.00	80000.00	6%	4800.00
合　计					￥80000.00		￥4800.00
价税合计（大写）	⊗捌万肆仟捌佰圆整				（小写）￥84800.00		
销货单位	名　　称：广州日报社报业经营有限公司 纳税人识别号：440100687667300 地 址 电 话：广州市环市路 230 号 开户行及账号：工行广州市环市路支行			备注	440100687667300 发票专用章		

收款人　李琳　　复核　夏天　　开票人　张军　　销货单位（章）

第二联 抵扣联 购货方扣税凭证

7）22日，向希望工程捐款30 000元（支票），见表6-14。

表6-14

广东省行政事业单位非经营收入发票

发 票 联

粤地（94522）
No.8626758

顾客名称
及地址：广州格林电器有限公司

2013年12月22日填发

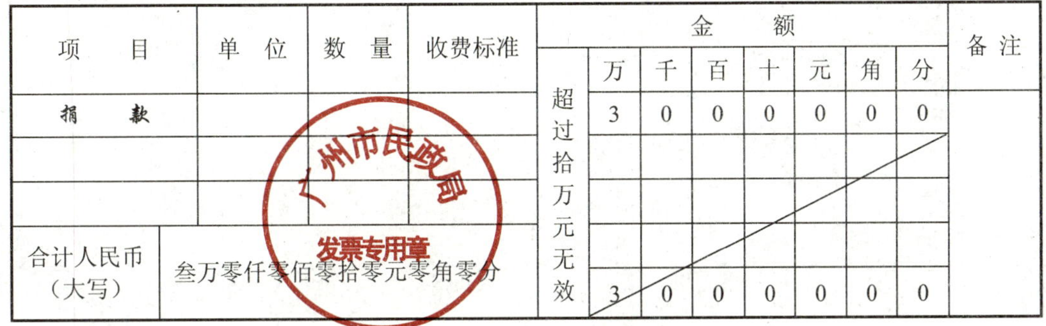

项目	单位	数量	收费标准	金额								备注
				超过拾万元无效	万	千	百	十	元	角	分	
捐款					3	0	0	0	0	0	0	
合计人民币（大写）	叁万零仟零佰零拾零元零角零分				3	0	0	0	0	0	0	

开票人：夏艳　　收款人：林海东　　开票单位及地址（盖章）

8）28日，报销餐费2 500元（信用卡），见表6-15和表6-16。

表6-15

广东省地方税收通用发票（电子）

发 票 联

电子发票 手写无效

发票代码 244011107030

发票代码 00337452

开票日期：2013-12-28

付款方名称：（单位）广州格林电器有限公司

付款方识别号：

收款方名称：广州市荔湾区新茶香居酒家

收款方识别号：44010370834831X

主管税务机关：广州市荔湾区地方税务局

防伪码：11972381656215560684123

序号	开票项目说明	金额
1	餐费	2500.00

合计（大写）：人民币贰仟伍佰圆整　　合计（小写）：￥2500.00

附注：

开票单位盖章：　　开票人：李华

发票联　付款方付款凭证

表 6-16

（广东） **持卡人存根**

CARD HOLDER COPY

商户名称及编号 MERCHANT NAME &ID 1024401531141233　　清算日期 11/28 SETT.DATE

终端编号 01003069 TFRMINAL ID　　操作员编号 (01) OPERATOR ID

发卡行 ISSUER BANK　　收单行 工商银行 ACQUIRER BANK

卡号 5800-007-58 CARD NO.

交易类型 消费 TRANS TYPE　　授权号 AUTH NO.

批次号 000980 BATCH NO.　　凭证号 025786 VOUCHER NO.

日期/时间 28/12/2013 13:22 DATE/TME　　有效期 06/16 EXP DATE

系统参考号 00000054891 SYS. REP. NO.　　重打标志 PRINT PLAG

金额 RMB 2500.00 AMOUNT　　原凭证号 ORIG VOUCHER NO.

备注 REMARKS RMB 2500.00

本人确认以上交易,同意将其记入本卡账户
I ACKNDWLEDGE SATISFATCORY RECEIPT OF RELATIVE GOODS/SERVICES

持卡人签名 CARDHOLDER SIGNATURE 黄琳

持卡人已收受这单据金额的有关商品及或服务,并愿意遵守与发卡银行签定的持卡人合约内的一切条款。THE ISUER OF THE CARD IDENTIFIED ON THI ITEM IS AUTHORIZED TO PAY THE AMOUNT SHOWN A TOTAL UPON PROPER PRESNTATION。IPRONISE TO AY SUCH TOTAL TOGETHER WITH ANY OTHER CHARGES DUE THEREON) SUBJECT TO AND ACCORDAICE WITH THE AGREEMENT COVERNING THE OF SUCH CARO。

9）30日，行政管理部门报销汽油费，见表6-17和表6-18。

表6-17

现金支出凭单　　　　第　　号

附件 6 张　　　　2013年12月30日　　　　对方科目编号：

用款事项：	汽油费		
人民币（大写）	叁仟元整		¥3000元
收款人 李华（签章）	主管人员 李力（签章）	会计人员 黄琳（签章）	出纳员付讫 李华（签章）

表6-18　　　　（成品油定额发票共15张，其他略）

广东省广州市国家税务局通用机打发票

发　票　联

全国统一发票监制章 广州市 地方税务局监制

SINOPEC 中国石化

发票代码 144011120072

发票号码 04965067

机 打 号： 04965067

机器编号： 007530563953

收款单位： 中国石油化工股份有限公广州石油分公司

税务登记号： 4410104725006397

日　期： 2013-12-30

付款单位（个人）： 李玉梅

粤A10620

项目	单价	数量	金额
93号汽油（IV）	7.89	49.43	390.00

合计（小写）： ¥390.00

合计（大写）： 叁佰玖拾元整

税控码： 1414 4211 3704 6771 2153

中国石油化工股份有限公司 广东广州石油分公司 4410104725006397 发票专用章

手写无效

本发票开具合计金额超过万元无效　有效期至二〇一二年三月三十一日

发票查询请登录广州市国家税务局网址http://gz.gd-n-tax.gov.cn/

10）30日，摊销非专利技术2000元，摊销销售部装修费5000元，见表6-19。

表6-19

费用摊销计算表

2013年12月30日

项　　目	总　金　额	摊销期限	金额/（元/月）	备　　注
非专利技术	240 000	10年	2000	
销售部装修费	120 000	2年	5000	
合　计			7000	

制表：　　　　　　　　　　　　审核：

11）30日，计提长期、短期借款利息，见表6-20。

表6-20

借款利息计算表

2013年12月30日

项　　目	金　　额	利　　率	应计利息/月	备　　注
短期借款	900 000	6%	45 000.00	固定资产未交付使用
长期借款	3 000 000	5%	150 000.00	
合　　计			195 000.00	

制表：　　　　　　　　　　　　审核：

12）30日，支付厂部管理部门电话费1000元，见表6-21。

表 6-21

广东省电信有限公司收费专用发票

440152063

发 票 联　　T234^{6}1180^{7}6^{9}

客户名称：广州格林电器有限公司　　客户号码：83666888

开户银行：工行代交　　银行账号：3000 1136 5010 5322

计费周期：月租：10.12.01-10.12.30，通话费：10.12.01-10.12.30 2013 年 12 月 31 日填开

项　　目	金额/元	项　　目	金额/元	项　　目	金额/元
电话月租 区内话费 国内长话费 电信 IP 国内 本地话费优惠 总费用含非电信 IP 本地费	20.00 380.00 600.00				
合计(大写)：壹仟元整			(小写)：¥1000.00		

收款员：广州电信账务中心　　收款单位(盖章)：

说明：本发票经收款单位和收款员盖章方为有效。　　（本发票手写无效）

广东省电信有限公司广州分公司 440106748017099 发票专用章

ICBC 中国工商银行　广东省分行营业部　　批扣借方凭证（回单）

No.121214002000000637

业务日期：2013 年 12 月 31 日

付款人	全称	广州格林电器有限公司	收款人	全　称	广东省电信有限公司广州分公司
	账号	0012-0015-8693		账号	3602000129200033497
	开户银行	广州支行越秀支行		开户银行	一支行营业室
金额	人民币（大写）	壹仟元整			千 百 十 万 千 百 十 元 角 分 ¥ 1 0 0 0 0 0
摘要	电话费				
备注	缴费用户号（06750239）				

中国工商银行股份有限公司广东省分行营业部对账中心 2012.12.31 核算用章(00)

工行网站：　www.icbc.com.cn　　打印日期：2013 年 12 月 31 日

服务热线电说：95588

13）21 日，开出支票，支付车辆通行费 2940 元（3 辆汽车，每辆 980 元，行政管理部门 2 辆，专设销售部门 1 辆），见表 6-22。

表 6-22

广东省车辆通行费（年费）专用票据

2013 年 12 月 21 日　　HC253697　86

财政

缴款单位（人）				
类　型	车　型	车牌号码	计算标准/（元/辆、年）	收费金额
二类车		粤 A36480	980.00	980.00
三类车		粤 A39090	980.00	980.00
二类车		粤 A36126	980.00	980.00
有效路段	实行年票制收费的路桥及隧道			
有效期限	贰零壹零年壹月壹日至贰零壹零年拾贰月叁拾壹日			
合计人民币	贰仟玖佰肆拾元零角零分　¥2940.00			

第二联　收据

征收机关（盖章）：　　开票人：　　收费人：韩俊

广东省财政厅印制

14）30 日，计算应交增值税，见表 6-23。

表 6-23

应交增值税计算表

2013 年 12 月 30 日

凭证号（略）	本月进项税额	进项税额转出	本月销项税额	应交增值税
	35 000			
		5 850		
	24 000			
	90 000			
	53 000			
	18 000			
			196 000	
			117 000	
合　计				98 850

制表：　　审核：

15）30 日，计算本月应交城市维护建设税和教育费附加，见表 6-24。

表 6-24

城建税、教育费附加计算表

2013 年 12 月 30 日

项　　目	计税基础		税　　率	税　　额
	本月应交增值税			
城建税			7%	
教育费附加			3%	
合　　计				

制表：　　　　　　　　　　　　审核：

16）结转销售产品成本（按月末一次加权平均法计算），见表 6-25。

表 6-25

产品销售成本计算表

2013 年 12 月

产品名称	销售数量	单位成本/元	总成本/元
胶件 A	4000	50	200 000
胶件 B	5000	35	175 000
马达	2000	150	30 000
滤筒	5000	10	50 000
滤纸袋	4000	10	40 000
合　　计			495 000

制表：　　　　　　　　　　　　审核：

17）结转损益类（收入收益类）账户，见表 6-26。

表 6-26

损益类账户发生额表（内部转账单）

2013 年 12 月 30 日

账户名称	借方发生额合计	贷方发生额合计
主营业务收入	900 000	
其他业务收入	20 000	
营业外收入	5 000	
投资收益	80 000	
本年利润		1 005 000
合　　计	1 005 000	1 005 000

制表：　　　　　　　　　　　　审核：

18）根据以上资料，结转损益类（费用支出类）账户，见表 6-27。

表 6-27

损益类账户发生额表（内部转账单）

2013 年 12 月 30 日

账户名称	借方发生额合计	贷方发生额合计
主营业务成本		
其他业务成本		
营业税金及附加		
营业外支出		
财务费用		
销售费用		
管理费用		
本年利润		
合　　计		

制表：　　　　　　　　　　　　　　审核：

19）计算并结转所得税（税率 25%，投资收益 80 000 元已纳所得税，假设没有其他纳税调整项目），见表 6-28 和表 6-29。

表 6-28

企业所得税费用计算表

2013 年 12 月　　　　　　　　　　单位：元

项　目	行　数	本　月　数	本年数（略）
一、营业收入	1		
减：营业成本	4		
营业税金及附加	5		
销售费用	10		
管理费用	11		
财务费用	14		
资产减值损失	15		
投资净收益	16		
二、营业利润（亏损以“-”号填列）	18		
加：营业外收入	19		
减：营业外支出	23		
三、利润总额	25		
适用税率			
减：所得税			
净利润			

制表：　　　　　　　　　　　　　　审核：

表 6-29

损益类账户发生额表（内部转账单）

2013 年 12 月 30 日

账户名称	借方发生额合计	贷方发生额合计
本年利润		
所得税费用		
合　　计		

制表：　　　　　　　　　　　　审核：

20）结转本年净利润（1-11 月份累计为 2 000 000 元，12 月份净利润参考上业务数据），见表 6-30。

表 6-30

内部转账单

2013 年 12 月 31 日

账户名称	借方发生额合计	贷方发生额合计	备　　注
本年利润			
利润分配——未分配利润			
合　　计			

制表：　　　　　　　　　　　　审核：

21）按本年净利润的一定比例提取法定盈余公积（10%）及公益金（5%），见表 6-31。

表 6-31

法定盈余公积、公益金计提表

2013 年 12 月 31 日

项　　目	全年净利润	计提比例	金　　额
法定盈余公积		10%	
公　益　金		5%	
合　　计			

制表：　　　　　　　　　　　　审核：

22）按年末可供分配利润分配利润给投资者，见表6-32。

表6-32

应付利润计算表

2013年12月31日

项　　目	金额/元	备　　注
年初未分配利润 +本年净利润 -本年计提的盈余公积 （法定盈余公积、公益金） 年末可供分配利润 -向投资者分配利润 其中: 广州格林投资有限公司（65%） 付强（35%） 年末未分配利润	400 000	按年末可供分配利润的60%分配利润

制表：　　　　　　　　　　　　　　审核：

23）结转利润分配明细账，见表6-33。

表6-33

内部转账单

2013年12月31日

账户名称	借方发生额	贷方发生额
利润分配——未分配利润		
利润分配——提取法定盈余公积		
利润分配——提取公益金		
利润分配——应付利润		
合　　计		

制表：　　　　　　　　　　　　　　审核：

第7章 财务报表岗位实训

实训七　财务报表岗位实训

一、实训目的

本章主要练习利润表及资产负债表的编制。

1）掌握利润的计算及利润表的编制。

2）掌握资产负债表主要项目的计算及资产负债表的编制。

二、实训要求

1）根据提供的资料编制利润表。

2）根据提供的资料编制资产负债表。

三、实训资料

（一）利润表

2013年12月31日，广州市风华电子有限公司损益类账户累计发生额如表7-1所示，假设该公司适用所得税税率为25%。

表7-1

损益类账户累计发生额

2013年12月　　　　单位：元

账户名称	本期借方发生额	本期贷方发生额
主营业务收入		2 000 000
主营业务成本	1 400 000	
其他业务收入		100 000
其他业务成本	60 000	
营业税金及附加	30 000	
销售费用	150 000	
管理费用	130 000	

续表

账户名称	本期借方发生额	本期贷方发生额
财务费用	30 000	
资产减值净损失	80 000	
公允价值变动损益		
投资收益		150 000
营业外收入		10 000
营业外支出	30 000	
所得税费用		

注：假设纳税调整项目“资产减值净损失”、“营业外支出”中罚款5000元，税法规定：按照会计准则计提的资产减值准备在资产发生实质性损失前不允许税前抵扣，罚款也不允许税前抵扣。

要求：根据以上资料，编制广州市风华电子有限公司利润表（表7-2）。

表7-2

利 润 表

会企02表

编制单位：广州市风华电子有限公司　　2013年 12月　　单位：元

项　　目	本期金额	上期金额（略）
一、营业收入		
减：营业成本		
营业税金及附加		
销售费用		
管理费用		
财务费用		
资产减值损失		
加：公允价值变动收益（损失以“-”号填列）		
投资收益（损失以“-”号填列）		
其中：对联营企业和合营企业的投资收益		
二、营业利润（亏损以“-”号填列）		
加：营业外收入		
减：营业外支出		
其中：非流动资产处置损失		
三、利润总额（亏损总额以“-”号填列）		
减：所得税费用		
四、净利润（净亏损以“-”号填列）		

单位负责人：　　会计主管：　　制表：

（二）资产负债表

1）广州佳华有限公司2013年11月31日有关总账账户和明细账账户的期末余额如表7-3和表7-4，要求编制该企业资产负债表（表7-3）。

表7-3

广州佳华有限公司总分类账户期末余额（简表）

单位：元

总　账	借方余额	总　账	贷方余额
库存现金	2 000	短期借款	150 000
银行存款	560 000	应付票据	80 000
其他货币资金	30 000	应付账款	90 000
应收票据	18 000	预收账款	50 000
应收账款	58 000	应付职工薪酬	121 000
坏账准备	−4 000	应交税金	36 000
预付账款	32 000	应付利息	3000
其他应收款	2 200	其他应付款	3000
在途物资	52 800	长期借款	400 000
原材料	600 000	实收资本	2 400 000
周转材料	52 000	资本公积	70 000
生产成本	82 000	盈余公积	100 000
库存商品	158 000	利润分配	80 000
固定资产	2 500 000	本年利润	500 000
累计折旧	−525 000		
固定资产减值准备	−20 000		
固定资产清理	−5 000		
在建工程	240 000		
无形资产	230 000		
累计摊销	−15 000		
长期待摊费用	35 000		
合　计	4 083 000	合　计	4 083 000

备注：“长期待摊费用”中有一年内到期的长期待摊费用是5000元，“长期借款”中有一年内到期的长期借款是80 000元。

表 7-4

广州佳华有限公司部分明细账户期末余额

单位：元

明细账	借或贷	金额	明细账	借或贷	金额
应收账款	借	58 000	应付账款	贷	90 000
—甲公司	借	68 000	——C 公司	借	30 000
—乙公司	贷	10 000	——D 公司	贷	120 000
预付账款	借	32 000	预收账款	贷	50 000
—A 公司	借	55 000	——丙公司	借	13 000
—B 公司	贷	23 000	——丁公司	贷	63 000

表 7-5

资产负债表

会企 01 表

编制单位：　　　　年　月　日　　　　单位：元

资产	期末余额	年初余额	负债和所有者权益（或股东权益）	期末余额	年初余额
流动资产：		（略）	流动负债：		（略）
货币资金			短期借款		
交易性金融资产			交易性金融负债		
应收票据			应付票据		
应收账款			应付账款		
预付款项			预收款项		
应收利息			应付职工薪酬		
应收股利			应交税费		
其他应收款			应付利息		
存货			应付股利		
一年内到期的非流动资产			其他应付款		
其他流动资产			一年内到期的非流动负债		
流动资产合计			其他流动负债		
非流动资产：			流动负债合计		
可供出售金融资产			非流动负债：		

续表

资　　产	期末余额	年初余额	负债和所有者权益（或股东权益）	期末余额	年初余额
持有至到期投资			长期借款		
长期应收款			应付债券		
长期股权投资			长期应付款		
投资性房地产			专项应付款		
固定资产			预计负债		
在建工程			递延所得税负债		
工程物资			其他非流动负债		
固定资产清理			非流动负债合计		
生产性生物资产			负债合计		
油气资产			所有者权益（或股东权益）：		
无形资产			实收资本（或股本）		
开发支出			资本公积		
商誉			减：库存股		
长期待摊费用			盈余公积		
递延所得税资产			未分配利润		
其他非流动资产			所有者权益（或股东权益）合计		
非流动资产合计					
资产总计			负债和所有者权益（或股东权益）总计		

单位负责人：　　　　　会计主管：　　　　　　　　　制表：

2）广州大光食品有限责任公司 2013 年 12 月末结账前的余额试算表见表 7-6。

表 7-6

广州大光食品有限责任公司结账前余额试算表

2013 年 12 月　　　　　　　　单位：元

账户名称	借方余额	贷方余额	
库存现金	2500		
银行存款	85 000		
应收账款	65 500		
库存商品	180 000		

续表

账户名称	借方余额	贷方余额	
固定资产	200 000		
累计折旧		6000	
短期借款		50 000	
应付账款		40 000	
实收资本		210 000	
盈余公积		6000	
利润分配		9000	
本年利润		40 000	
主营业务收入		210 000	
销售费用	15 000		
管理费用	23 000		
合　　计	571 000	571 000	

月末，广州大光食品有限责任公司的会计人员对以下经济事项进行了结账处理。

① 计提本月办公用固定资产折旧 1000 元。

② 结转本月已售商品成本，共计 120 000 元。

③ 结转本月的损益类账户至“本年利润”账户。

④ 按 25%的所得税税率计算本月应交所得税。

⑤ 将本月所得税结转至“本年利润”账户。

⑥ 结转“本年利润”账户。

要求：根据上述资料，完成下列广州大光食品有限责任公司 12 月份的结账后试算平衡表的编制，见表 7-7。

表 7-7

广州大光食品有限责任公司结账后余额试算表

2013 年 12 月　　　　单位：元

账户名称	借方余额	贷方余额
库存现金	2500	
银行存款	(1)	
应收账款	(2)	
库存商品	(3)	
固定资产	(4)	
累计折旧		(5)
短期借款		(6)

续表

账户名称	借方余额	贷方余额
应付账款		（7）
应交税费		（8）
实收资本		210 000
盈余公积		（9）
利润分配		（10）
合　　计	（11）	（12）

3）三笑集团有限公司 2013 年 10 月的余额试算平衡表见表 7-8。

表 7-8

余额试算平衡表

2013 年 10 月 31 日

会计科目	期末余额	
	借　　方	贷　　方
库存现金	1000	
银行存款	71 500	
其他货币资金	12 000	
应收账款	36 000	
坏账准备		2000
原材料	27 000	
库存商品	42 000	
材料成本差异		2000
固定资产	320 000	
累计折旧		25 000
固定资产清理		1000
长期待摊费用	36 000	
应付账款		30 500
预收账款		4000
长期借款		120 000
实收资本		300 000
盈余公积		2000
利润分配		9000
本年利润		50 000
合　　计	545 500	545 500

补充资料：

1）长期待摊费用中含将于半年内摊销的金额4000元。

2）长期借款期末余额中将于一年到期归还的长期借款数为30 000元。

3）应收账款有关明细账期末余额情况为：应收账款——A公司 贷方余额4 000元
应收账款——B公司 借方余额40 000元

4）应付账款有关明细账期末余额情况为：应付账款——C公司 贷方余额50 500元
应付账款——D公司 借方余额2 000元

5）预收账款有关明细账期末余额情况为：预收账款——E公司 贷方余额7 000元
——F公司 借方余额3 000元

要求：请根据上述资料，计算三笑集团有限公司2013年10月31日资产负债表中下列报表项目的期末数。

1）货币资金（　　）元；

2）应收账款（　　）元；

3）预付款项（　　）元；

4）存货（　　）元；

5）流动资产合计（　　）元；

6）固定资产（　　）元；

7）非流动资产合计（　　）元；

8）资产合计（　　）元；

9）应付账款（　　）元；

10）预收款项（　　）元；

11）流动负债合计（　　）元；

12）长期借款（　　）元；

13）负债合计（　　）元；

14）所有者权益合计（　　）元；

15）负债及所有者权益合计（　　）元。

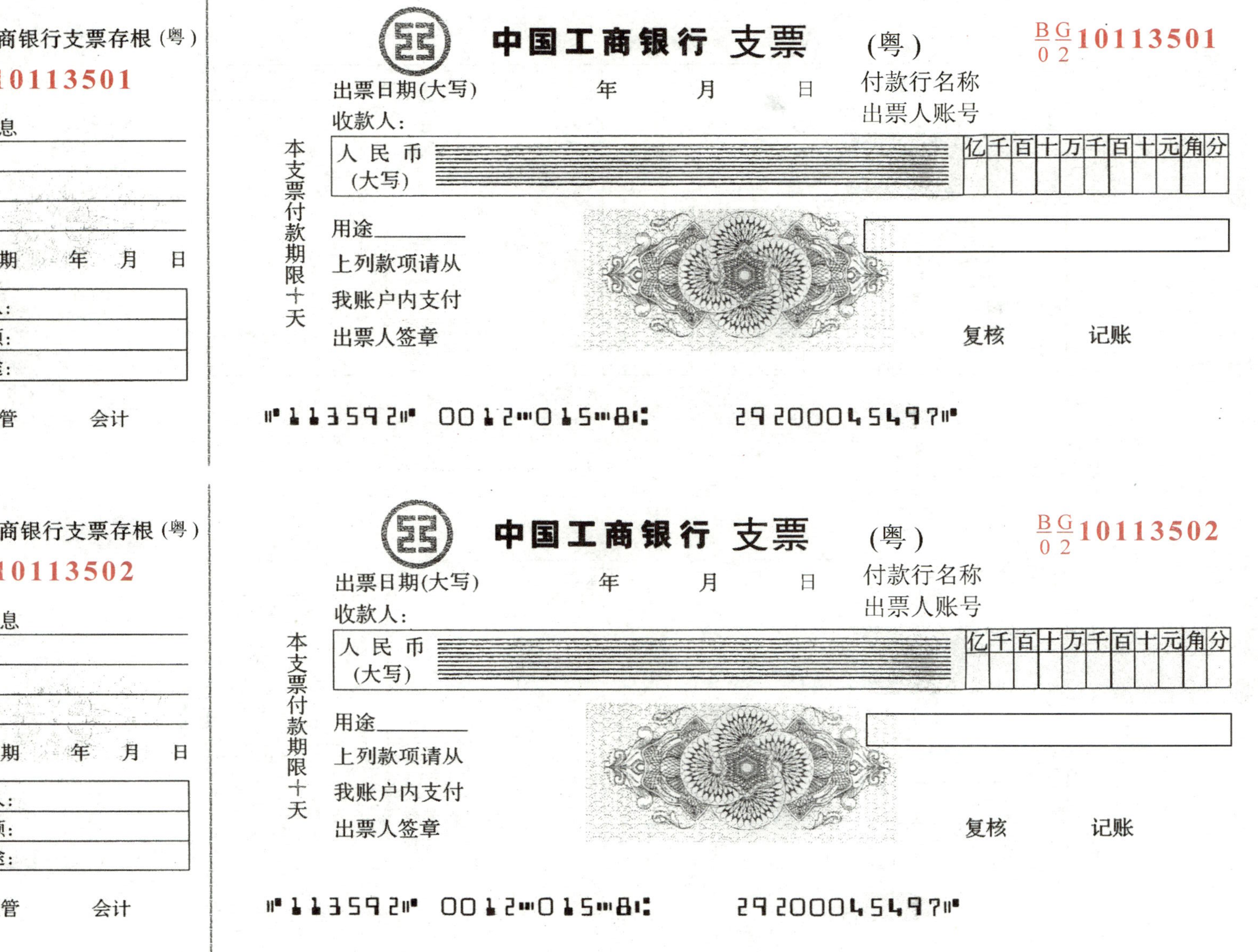

中国工商银行支票存根（粤）

$\frac{BG}{02}$10113501

附加信息

出票日期　　年　月　日

收款人：
金　额：
用　途：

单位主管　　会计

中国工商银行　支票　（粤）　$\frac{BG}{02}$10113501

出票日期(大写)　　年　　月　　日　　付款行名称

收款人：　　出票人账号

本支票付款期限十天

人民币（大写）	亿	千	百	十	万	千	百	十	元	角	分

用途

上列款项请从

我账户内支付

出票人签章　　复核　　记账

⑈113592⑈ 0012⑆015⑆8⑆ 2920004549 7⑈

中国工商银行支票存根（粤）

$\frac{BG}{02}$10113502

附加信息

出票日期　　年　月　日

收款人：
金　额：
用　途：

单位主管　　会计

中国工商银行　支票　（粤）　$\frac{BG}{02}$10113502

出票日期(大写)　　年　　月　　日　　付款行名称

收款人：　　出票人账号

本支票付款期限十天

人民币（大写）	亿	千	百	十	万	千	百	十	元	角	分

用途

上列款项请从

我账户内支付

出票人签章　　复核　　记账

⑈113592⑈ 0012⑆015⑆8⑆ 2920004549 7⑈

附加信息：	被背书人
身份证件名称：　　　　发证机关：	
号码	背书人签章 年　月　日

（贴粘单处）

附加信息：	被背书人
身份证件名称：　　　　发证机关：	
号码	背书人签章 年　月　日

（贴粘单处）

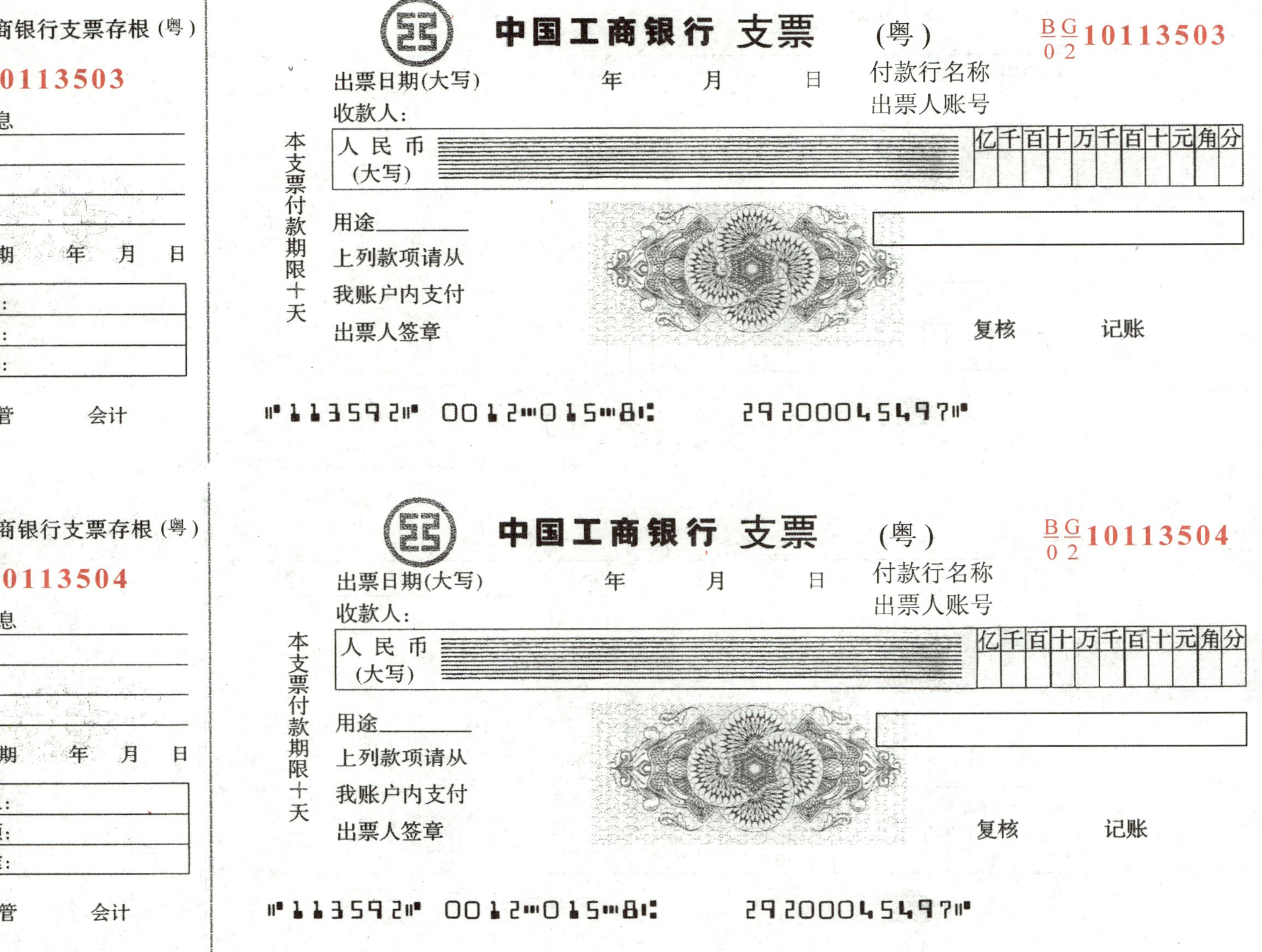
中国工商银行支票存根（粤）

BG/02 10113503

附加信息

出票日期　年　月　日

收款人：

金　额：

用　途：

单位主管　会计

中国工商银行　支票　（粤）　BG/02 10113503

出票日期(大写)　年　月　日　付款行名称

收款人：　出票人账号

本支票付款期限十天

人民币（大写）	亿	千	百	十	万	千	百	十	元	角	分

用途______

上列款项请从

我账户内支付

出票人签章　复核　记账

⑈113592⑈ 0012⑆015⑆8⑆ 292000454970⑈

中国工商银行支票存根（粤）

BG/02 10113504

附加信息

出票日期　年　月　日

收款人：

金　额：

用　途：

单位主管　会计

中国工商银行　支票　（粤）　BG/02 10113504

出票日期(大写)　年　月　日　付款行名称

收款人：　出票人账号

本支票付款期限十天

人民币（大写）	亿	千	百	十	万	千	百	十	元	角	分

用途______

上列款项请从

我账户内支付

出票人签章　复核　记账

⑈113592⑈ 0012⑆015⑆8⑆ 292000454970⑈

附加信息：	被背书人
身份证件名称：　　　　发证机关：	
号码	背书人签章 年　月　日

（贴粘单处）

附加信息：	被背书人
身份证件名称：　　　　发证机关：	
号码	背书人签章 年　月　日

（贴粘单处）

中国工商银行支票存根（粤）

$\frac{BG}{02}$ 10113505

附加信息

出票日期　　年　月　日

收款人：
金　额：
用　途：

单位主管　　　会计

中国工商银行　支票　（粤）

$\frac{BG}{02}$ 10113505

出票日期(大写)　　年　　月　　日　　付款行名称

收款人：　　出票人账号

本支票付款期限十天

人民币（大写）	亿	千	百	十	万	千	百	十	元	角	分

用途＿＿＿＿

上列款项请从

我账户内支付

出票人签章　　　　复核　　　记账

⑈113592⑈ 0012⑆015⑆81⑆　　2920004549 7⑈

中国工商银行支票存根（粤）

$\frac{BG}{02}$ 10113506

附加信息

出票日期　　年　月　日

收款人：
金　额：
用　途：

单位主管　　　会计

中国工商银行　支票　（粤）

$\frac{BG}{02}$ 10113506

出票日期(大写)　　年　　月　　日　　付款行名称

收款人：　　出票人账号

本支票付款期限十天

人民币（大写）	亿	千	百	十	万	千	百	十	元	角	分

用途＿＿＿＿

上列款项请从

我账户内支付

出票人签章　　　　复核　　　记账

⑈113592⑈ 0012⑆015⑆81⑆　　2920004549 7⑈

附加信息：	被背书人
身份证件名称：　　　　发证机关：	
号码	背书人签章 年　月　日

（贴粘单处）

附加信息：	被背书人
身份证件名称：　　　　发证机关：	
号码	背书人签章 年　月　日

（贴粘单处）

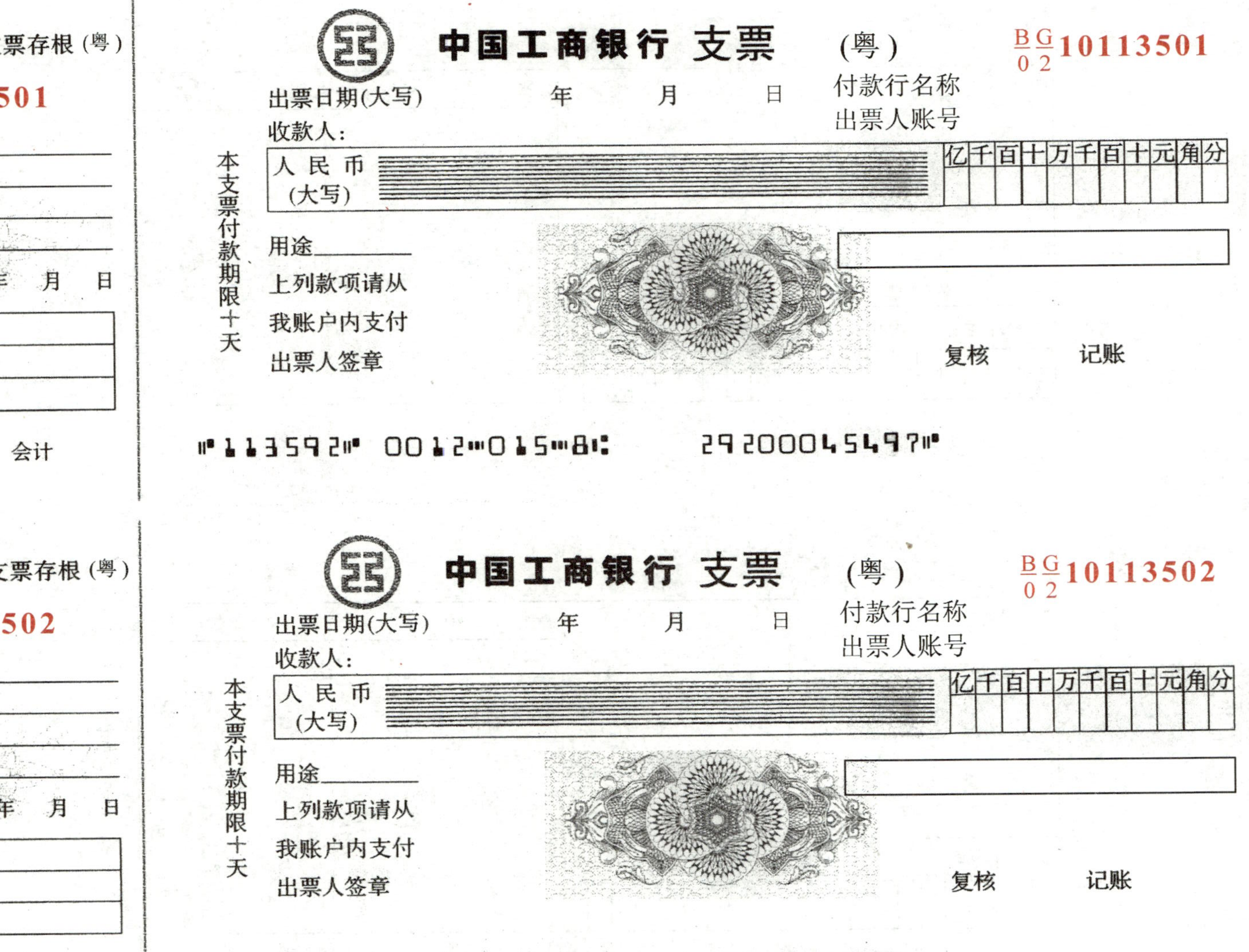

中国工商银行支票存根（粤）

BG/02 10113501

附加信息

出票日期　年　月　日

收款人：

金　额：

用　途：

单位主管　会计

中国工商银行　支票　（粤）　BG/02 10113501

出票日期(大写)　年　月　日　付款行名称

收款人：　出票人账号

本支票付款期限十天

人民币（大写）	亿	千	百	十	万	千	百	十	元	角	分

用途

上列款项请从

我账户内支付

出票人签章　复核　记账

⑈113592⑈ 0012⑆0150⑆81⑆ 2920004549 7⑈

中国工商银行支票存根（粤）

BG/02 10113502

附加信息

出票日期　年　月　日

收款人：

金　额：

用　途：

单位主管　会计

中国工商银行　支票　（粤）　BG/02 10113502

出票日期(大写)　年　月　日　付款行名称

收款人：　出票人账号

本支票付款期限十天

人民币（大写）	亿	千	百	十	万	千	百	十	元	角	分

用途

上列款项请从

我账户内支付

出票人签章　复核　记账

⑈113592⑈ 0012⑆0150⑆81⑆ 2920004549 7⑈

附加信息：

身份证件名称：　　　　发证机关：

号码

被背书人

背书人签章

年　月　日

（贴粘单处）

附加信息：

身份证件名称：　　　　发证机关：

号码

被背书人

背书人签章

年　月　日

（贴粘单处）

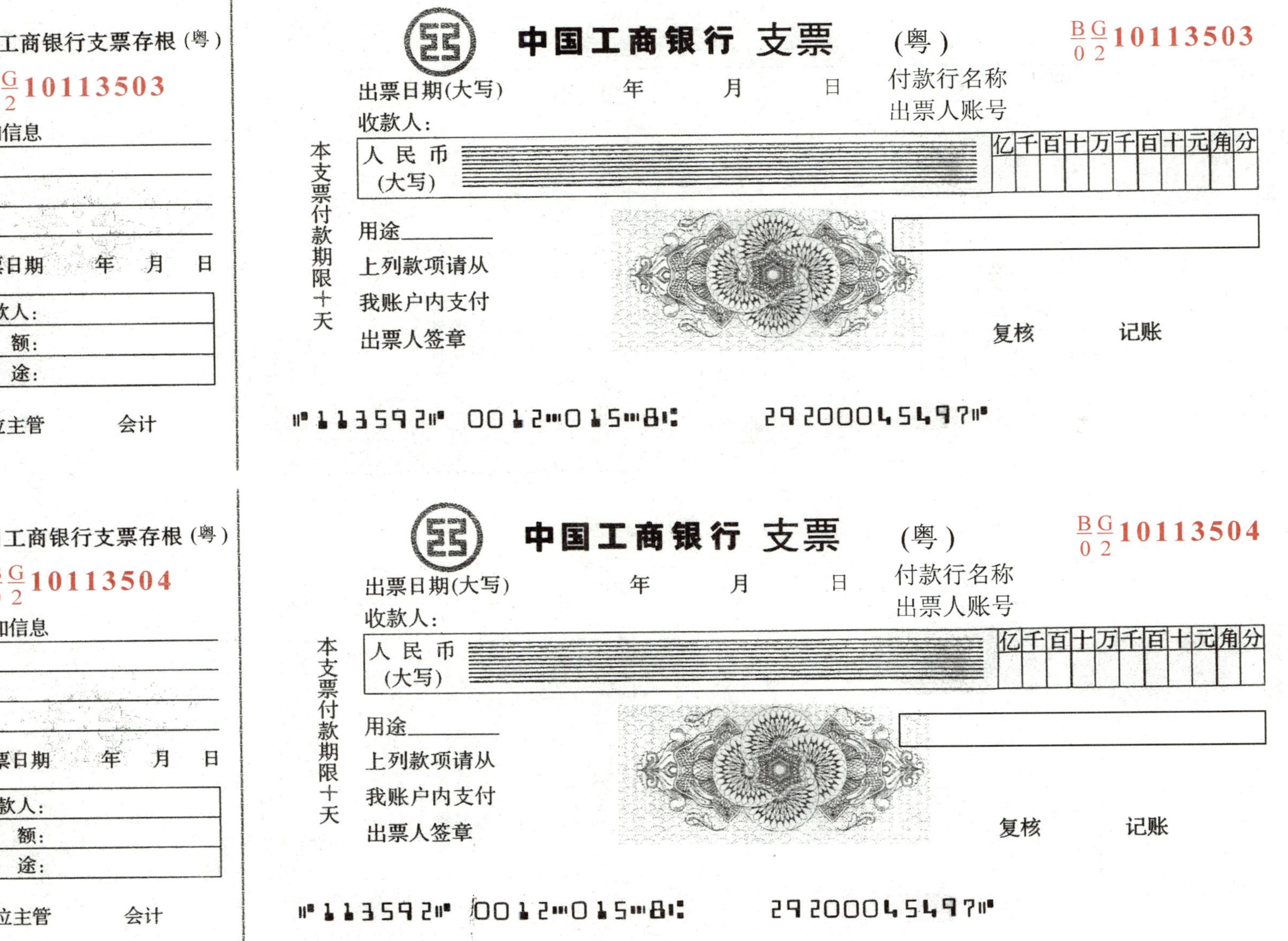

中国工商银行支票存根（粤）

BG/02 10113503

附加信息

出票日期　年　月　日

收款人：
金　额：
用　途：

单位主管　会计

中国工商银行　支票　（粤）　BG/02 10113503

出票日期(大写)　年　月　日　付款行名称

收款人：　出票人账号

本支票付款期限十天

人民币(大写)	亿	千	百	十	万	千	百	十	元	角	分

用途

上列款项请从

我账户内支付

出票人签章　复核　记账

113592　0012 015 8　29200045497

中国工商银行支票存根（粤）

BG/02 10113504

附加信息

出票日期　年　月　日

收款人：
金　额：
用　途：

单位主管　会计

中国工商银行　支票　（粤）　BG/02 10113504

出票日期(大写)　年　月　日　付款行名称

收款人：　出票人账号

本支票付款期限十天

人民币(大写)	亿	千	百	十	万	千	百	十	元	角	分

用途

上列款项请从

我账户内支付

出票人签章　复核　记账

113592　0012 015 8　29200045497

附加信息：

身份证件名称：　　　　发证机关：

号码

被背书人

背书人签章

年　月　日

（贴粘单处）

附加信息：

身份证件名称：　　　　发证机关：

号码

被背书人

背书人签章

年　月　日

（贴粘单处）

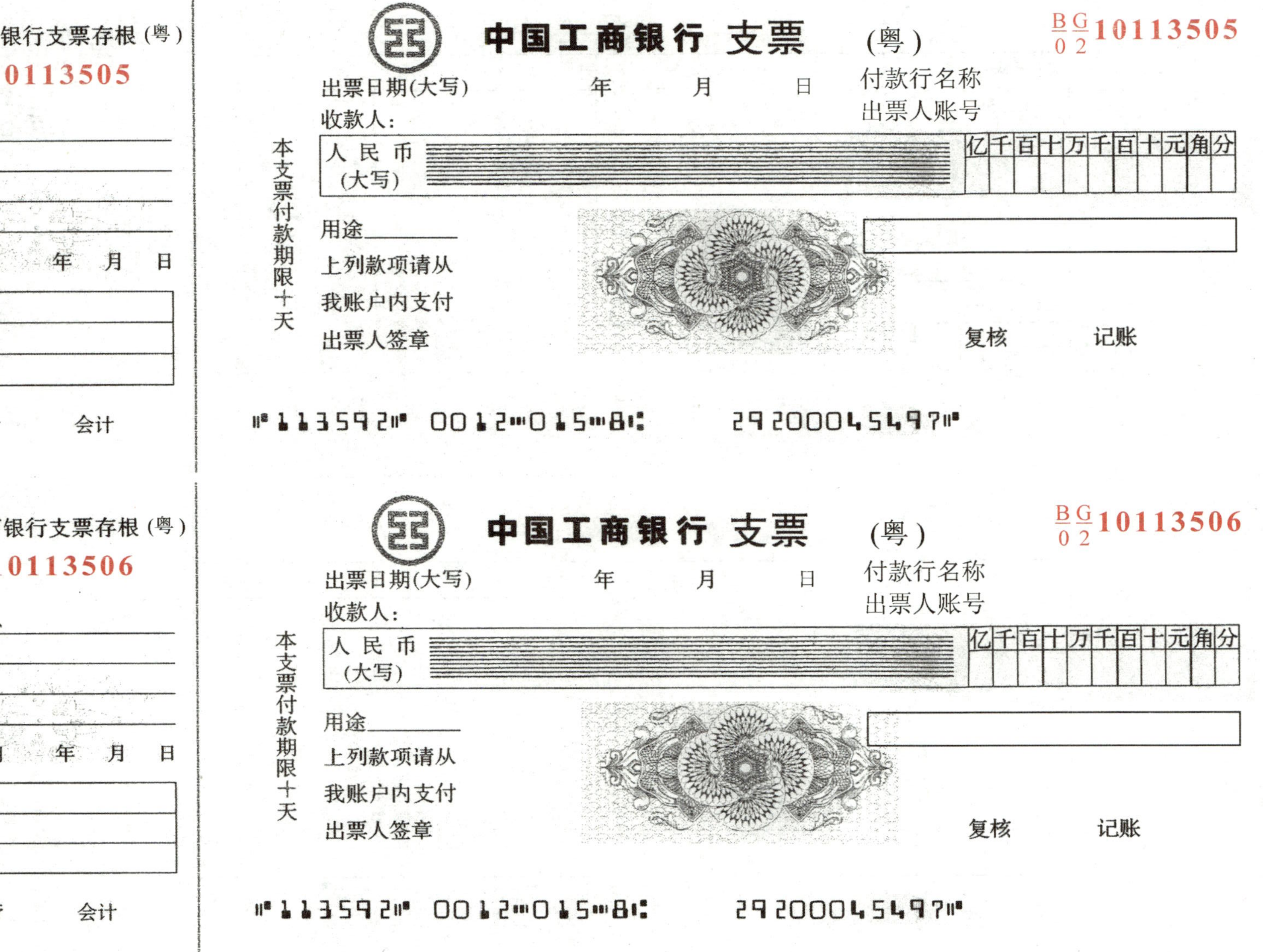

中国工商银行支票存根（粤）

BG 02 10113505

附加信息

出票日期　　年　月　日

收款人：

金　额：

用　途：

单位主管　　　会计

中国工商银行　支票　（粤）　　BG 02 10113505

出票日期(大写)　　　年　　月　　日　　付款行名称

收款人：　　出票人账号

本支票付款期限十天

人民币（大写）	亿	千	百	十	万	千	百	十	元	角	分

用途＿＿＿＿

上列款项请从

我账户内支付

出票人签章　　　　　复核　　　记账

113592 0012 015 81 29200045497

中国工商银行支票存根（粤）

BG 02 10113506

附加信息

出票日期　　年　月　日

收款人：

金　额：

用　途：

单位主管　　　会计

中国工商银行　支票　（粤）　　BG 02 10113506

出票日期(大写)　　　年　　月　　日　　付款行名称

收款人：　　出票人账号

本支票付款期限十天

人民币（大写）	亿	千	百	十	万	千	百	十	元	角	分

用途＿＿＿＿

上列款项请从

我账户内支付

出票人签章　　　　　复核　　　记账

113592 0012 015 81 29200045497

附加信息：

身份证件名称：　　　　发证机关：

号码

被背书人

背书人签章

年　月　日

（贴粘单处）

附加信息：

身份证件名称：　　　　发证机关：

号码

被背书人

背书人签章

年　月　日

（贴粘单处）